Drei Stühle – Köstliche kretische Geschichten

Sigrid Wohlgemuth

SIGRID WOHLGEMUTH

Drei Stühle

Köstliche kretische Geschichten

STORIES & FRIENDS

FSC
www.fsc.org
MIX
Papier aus verantwortungsvollen Quellen
FSC® C083411

1. Auflage – 2013

Lehrensteinsfeld bei Heilbronn
www.stories-and-friends.com

Lektorat: Elke Schleich
Illustrationen: © Degenhard Langner, © magnia, Fanfo - Fotolia.com
Layout & Satz: STORIES & FRIENDS Verlag
Druck und Bindung: CPI Books, Leck

ISBN 978-3-942181-36-5

Inhalt

Blau weißes Tischtuch, frisches Brot,
Leise tuckerndes Fischerboot,
Ein Teller Apfelscheiben und ein Becher Wein.
Vielleicht bleib' ich irgendwann hier –
Jedenfalls arbeit ich schon an mir,
Um auch mit nur drei Stühlen zufrieden zu sein!

aus »Drei Stühle« von Reinhard Mey

Kretische Idylle

Langsam ging die Sonne hinter den Bergkuppen auf und durchbrach die Wolkenbank. Unter einem Olivenbaum streckte eine schwarze Katze ihre Glieder, um gleich darauf mit der Morgentoilette zu beginnen. Ein streunender Hund umkreiste die einzige Palme, die sich auf dem Dorfplatz befand. Nach ausgiebigem Beschnuppern kennzeichnete er sein Revier.

Die Tür von Geórgios' Taverne öffnete sich quietschend. Déspina trat mit dem Besen in der Hand über die Schwelle und winkte einem Fischer zu, der beladen mit Weidenkörben über die Straße schritt. Er nickte zum Gruß und ging den kleinen Abhang zum Strand hinunter. Im feinkörnigen grauen Sand lag ein spartanisch ausgestattetes Ruderboot. Der Fischer stellte die mitgebrachte Last in den Bug und streifte die Sandalen von den Füßen. Seine Jeans krempelte er bis zu den Knien hoch, ergriff das Seil und zog die Barke ins Wasser. Als sie nicht mehr über den Grund schrammte, stieg er ein und ruderte mit gleichmäßigen Bewegungen zum Hauptschiff. Kurze Zeit später fuhr er damit unter dem freundlichen Tuckern des Motors los. Nach und nach erschienen die anderen Fischer und schipperten in unterschiedliche Richtungen, in der Hoffnung auf einen guten Fang.

Anthí schloss ihren Lebensmittelladen auf. Eine Etage höher hängte Chrissoúla Decken zum Lüften über das Balkongeländer.

Kinder liefen von allen Seiten des Dorfes herbei. Sie boxten sich lachend gegenseitig in die Rippen, spielten Nachlaufen oder verabredeten sich für den Nachmittag zum Baden. Laut schwatzend warteten sie am Hauptplatz auf den Schulbus.

Die Sonne setzte sich gegen die Wolken durch und tauchte die Berge in einen rötlichen Schimmer. Eine Kirchenglocke erklang und hieß den Tag willkommen.

Seit Jahren genossen die Drei das Erwachen des Fischerdorfes. Hier waren sie nacheinander eingetroffen, stammten aber alle nicht von dieser griechischen Insel, sondern vom Festland. Ihr Beobachtungsposten mitten in Geórgios' Taverne bot ihnen die beste Aussicht auf das Dorf, den Strand und die Fischerboote, die zwischen Festland und einer kleinen Insel vor Anker lagen. Die Drei waren stets draußen vorzufinden. Sie trotzten dem heißen Südwind, der von Afrika über sie hinwegfegte, und der kühlen Brise, die von den Bergen wehte. An stürmischen Tagen bekamen sie hin und wieder einen

Spritzer der Gischt zu spüren. Bei Regen schützte sie das mit Bambus gedeckte Dach. Die Namen hatten sie sich selbst gegeben. Einer nannte sich o Prótos, weil er vor den beiden anderen ins Dorf gelangt war und hier schon lange weilte. Drei Jahre nach ihm erreichte Taxidiótis, der Reisende, den Ort. Er hatte einige Dörfer am Rande der Straßen besucht, bevor er ansässig wurde. Mirkrós war der Letzte im Bunde. Seit zwölf Jahren erlebten sie alle Geschehnisse vereint, waren glücklich und zufrieden. Gemeinsam lauschten sie den Abenteuergeschichten, die an den Tavernentischen um sie herum erzählt wurden.

Panajótis, der den rechten Arm beim Dynamitfischen verloren hatte, spann das beste Seemannsgarn. Nektários erzählte von seinen Fahrten auf einem Frachtschiff, das ihn bis nach Argentinien, Brasilien und in den hohen Norden gebracht hatte. Àdonis, der aussah, wie es sein Name versprach, prahlte mit heißen Liebesnächten am Strand. Der Dorfschreiner Kósta berichtete ausführlich über jedes von ihm gefertigte Möbelstück für die Bewohner, sodass die Drei sich die Wohnungen bildlich vorstellen konnten.

Am Abend gesellten sich die Ehefrauen dazu und tauschten Informationen über ihre neu entdeckten Sammelstellen von Wildgemüse, Schnecken und Pilzen aus. Die Sommersaison bescherte der Insel viele Urlauber, von denen die Drei Erzählungen aus aller Welt vernahmen. Im Winter hingegen besuchten nur wenige Gäste die Taverne. Die Drei könnten heute noch glücklich und zufrieden sein, wenn nicht eines Tages ein gewisser Dimítris

Papadópoulos eine Bleibe am Dorfrand gemietet hätte. Er setzte ihrem unbeschwerten Dasein ein Ende.

»Wie soll es weitergehen?«, fragte Mirkrós.

»Wir dürfen die Hoffnung nicht aufgeben«, antwortete o Prótos. »Euch geht es besser als mir. Was soll ich sagen? Ich muss das Meiste ertragen!«

»Der haut nicht freiwillig ab. Mit einem Holzstück könnte ich ihn verprügeln und aus dem Dorf jagen«, sagte Taxidiótis.

»Mach es! Er biegt gerade um die Ecke«, flüsterte Mirkrós.

Einhundertvierzig Kilo Lebendgewicht, die Dimítris sich als Preisboxer der Schwergewichtsklasse auf dem Jahrmarkt zugelegt hatte, bewegten sich auf sie zu. Sein dichter roter Bart, der ihm bis zum Bauch reichte, wippte im Takt der Schritte. Die ungebändigten Haare wehten im sanften Wind. Seine Arme standen einen halben Meter vom Oberkörper ab.

»Kaffee!«, rief er brummig zu Déspina hinüber und kam ihnen immer näher.

»Heute bin bestimmt ich dran«, wisperte Mirkrós ängstlich.

»Das ist in den letzten sechs Monaten nicht ein einziges Mal vorgekommen. Mich will er. Ich höre es jetzt schon knacken«, erwiderte o Prótos.

»Schaut!«, rief Taxidiótis. »Er wurde an den Nebentisch gerufen. Vielleicht lässt er sich heute dort nieder.«

»Oh, nein! Er liebäugelt mit uns.« Mirkrós ruckelte nervös.

»Fehlt nur noch, dass er uns zuwinkt«, flüsterte Taxidiótis.

»Beruhigt euch! Wir sind nicht die Einzigen, denen es so ergeht«, meinte o Prótos.

»Natürlich sind wir die Einzigen!«

»Bitte streitet euch nicht. Das hilft uns nicht weiter«, wimmerte Mirkrós.

»Was ist mit den Gästen, die sich am Nebentisch, oben beim Ecktisch und dort drüben Nähe Tavernen-eingang niedergelassen haben?«, fragte o Prótos.

»Das ist etwas anderes.«

»Erklär mir den Unterschied!«

»Déspina bringt ihm den Kaffee an den Tisch. Oh, oh, seht! Er zeigt auf uns!«, jammerte Mirkrós.

»Du bist mir eine Erklärung schuldig, Taxidiótis!«

»Das sind freundliche, gut gelaunte, weniger kräftige Personen und langansässige Dorfbewohner. Dem Kerl verpasse ich heute einen Denkzettel. Ich sage nur eins: Splitter!«

»Das bringt rein gar nichts.«

»Ich will es wenigstens versuchen. Du weißt doch, was er uns antun wird.«

»Mir antut! Das machen deine sogenannten netten Leute auch!«, gab o Prótos zurück.

»Und die Touristen schießen davon Fotos«, mischte sich Mirkrós ein.

»Wegen der Urlauber soll ich stillhalten?«

»Überleg doch, in wie vielen Fotoalben wir verewigt sind. Eine solche Szenerie findest du nur in den kleinen Berg- oder Fischerdörfern. In der Stadt fällt es weniger auf. Reinhard Mey hat sogar ein Lied mit dem Titel *Tris Karékles* über uns gesungen. Ein typischer Grieche braucht eben seine drei ...«

»Oh, wie toll!«, unterbrach Taxidiótis ihn zynisch. »Ich freue mich riesig.«

»Keine Zeit mehr zum Diskutieren. Er ist aufgestanden und gleich da. Jungs, seid tapfer! Es kommen auch wieder bessere Zeiten!«

O Prótos verstummte und schon krachte es. Dimítris Papadópoulos hatte sich auf ihn fallen gelassen. Auf die unterste Leiste von Taxidiótis stellte er die schweren Füße und über Mirkrós' Lehne legte er den fleischigen Arm.

»Alles klar, Jungs?« O Prótos stöhnte unter Dimítris' Last.

»Ich hoffe, meine Leiste hält durch«, klagte Taxidiótis.

»Geht schon«, piepste Mirkrós, der kleinste von den drei Holzstühlen.

Olivenernte

»Aufstehen, Doris! Erst konntest du die Olivenernte kaum erwarten, nun verschläfst du sie«, hörte ich Vassílis' muntere Stimme.

Ich drehte mich um, öffnete die Augen und blinzelte. »Jetzt schon?«

Ich hatte das Gefühl, gerade erst eingeschlafen zu sein. Langsam erhob ich mich und sah aus dem Fenster in die Morgendämmerung. Bei dem düsteren Anblick hätte ich mich am liebsten wieder unter die warme Decke gelegt. Doch Vassílis fegte in den Raum.

»Du hättest den Film nicht bis zum Ende sehen sollen. Selbst schuld, meine kleine Nachteule.« Er gab mir einen Kuss auf die Nasenspitze.

»Was zeigen sie die spannenden Filme immer erst so spät«, warf ich ein, während ich im Schrank nach passender Kleidung suchte.

»Heute Nacht war es stürmisch. Ich schau nach, ob das Boot gut verankert ist. Wenn ich zurück bin, hast du sicherlich die Katzen versorgt und gefrühstückt. Vergiss bitte nicht den Mittagsproviant für uns. Ich beeile mich.« Schon war er aus der Tür.

Ich sah Vassílis mit langen Schritten durch den Garten laufen und ein warmes Kribbeln zog durch meinen Körper. Noch immer konnte ich es nicht fassen, dass wir zusammenlebten. Im Urlaub hatte ich ihn kennen- und lieben gelernt. Er war mir sofort aufgefallen, als ich am ersten Abend in der Taverne saß. Damals konnte ich meinen Blick kaum von ihm abwenden. Seine Ausstrahlung, der muskulöse Körper, der schlaksige Gang, doch ganz besonders seine tiefgrünen Augen nahmen mich gefangen. Oft sah ich ihm von meiner Unterkunft aus zu, wie er mit dem Boot zum Fischen hinausfuhr. Nur wenige Monate später war ich zu ihm auf die Insel gezogen.

Ich lächelte bei dem Gedanken, während ich mich vom Fenster abwandte. Als ich am Schlafzimmerspiegel vorbei kam, blieb ich stehen und betrachtete mein Äußeres kritisch. Niemals hätte ich es mir träumen lassen, dass Vassílis sich in mich verliebte. Ich begutachtete mich von allen Seiten. Zu den Magersüchtigen gehörte ich bei weitem nicht. Ich fuhr mit der Hand über meine Rundungen an den Hüften. Die braunen, schulterlangen Haare bekam ich kaum gebändigt. Am Morgen sahen sie aus, als hätte ich mit dem Finger in der Steckdose geschlafen, sie standen nach allen Richtungen ab. Und trotzdem mochte mich Vassílis genauso, mit allem Drum und Dran. Keck, mit durchgestrecktem Rücken zwinkerte ich meinem Spiegelbild zu.

Dann drehte ich mich um. Ein Blick auf die Nachttischuhr sagte mir, dass ich keine Zeit zum Herumtrödeln hatte. Abgesehen davon, war es zu kalt, um länger im Nachthemd mein Äußeres zu analysieren. Schnell verzog ich mich ins Badezimmer. Das Wasser war eisig; ich hatte vergessen, den Durchlauferhitzer einzuschalten. Kam nur eine Katzenwäsche in Frage. Dabei stellten sich Gedanken an Vassílis' Vater Aléx ein. Er war nicht erfreut darüber, dass sich sein Sohn ausgerechnet in eine Touristin verliebt hatte, die nun mit unter seinem Dach lebte. Ständig maulte er herum und zeigte mir damit, wie sehr er sich über eine Abreise ohne Wiederkehr freuen würde.

Was er wohl zu murren hat, wenn er erfährt, dass ich mit in die Olivenernte gehe?, dachte ich. Oje, mir graute bereits davor, dabei wollte ich gerne mit anfassen.

»Alles fertig?«, fragte Vassílis, als er zurückkam.

»Fix und fertig.« Dass ich damit mein Unwohlsein Aléx gegenüber meinte, verschwieg ich ihm.

»Jetzt geht's los. Die Oliven warten.« Er rieb sich die Hände.

»Weiß dein Vater Bescheid, dass ich mit von der Partie bin?«

»Er musste in die Stadt.«

»Gut.« Den erleichterten Seufzer konnte ich nicht unterdrücken.

Vassílis sah auf und zog mich näher zu sich. »Lass meinem Vater Zeit. Er hat sich eben eine Einheimische als zukünftige Schwiegertochter vorgestellt. Ich habe ihm gestern gesagt, dass du bei der Ernte helfen möchtest. Und glaub mir, im Geheimen ist er stolz auf dich. Er kann es nur nicht zeigen. Meine Mutter ist begeistert davon, dass du dir das zutraust.« Mit einem Kuss auf die Stirn ließ er mich wieder frei.

»Lieb von deiner Mutter. Aber warte ab, was Aléx später zu kritisieren hat.« Schleunigst verdrängte ich den Gedanken an Aléx. »Ab in die Oliven!« Ich griff nach dem Picknickkorb und ging aus dem Haus.

Der nächtliche Sturm hatte Blätter und Geäst auf die Straße gefegt. Der Himmel über den hohen Bergen sah mit seinen dunklen Wolken bedrohlich aus und ich hoffte, dass es keinen Regen geben würde. Zwei Pullover und eine dicke Jacke hatte ich angezogen und trotzdem fröstelte ich. Die Heizung im Auto bräuchte sicherlich ihre Zeit, bis sie Wärme verströmte, wenn sie überhaupt funktionierte. Der Pick-up hatte bereits ein stattliches Alter erreicht. Er war voll beladen mit Netzen und Werkzeug für die Ernte. Wir konnten starten. Ich rutschte auf den Beifahrersitz und hauchte in die eisigen Hände.

Vassílis lenkte den Wagen vorbei an Olivenhainen, in denen die Bauern schon mit der Ernte angefangen hatten, und uns freundlich grüßten. Einige von ihnen waren weitaus älter als ich. Dies beruhigte mich ein wenig und gab mir Zuversicht, dass auch ich für die Olivenernte taugte. Immer wieder hupte und winkte

Vassílis den Einwohnern zu. Ein Hain grenzte an den nächsten. Dickstämmige Bäume mit rissiger, borkiger Rinde standen neben jüngeren mit grüngrauer, glatter Rinde. Ihre Wuchshöhe konnte zehn bis zwanzig Meter erreichen. Viele von ihnen waren Jahrhunderte alt. Mancher Ast hatte die Dicke eines Baumstamms. An den Zweigen hingen die immergrünen saftigen Blätter und bemerkenswert viele Oliven. Sie schimmerten entweder hellgrün oder auberginefarben. Tage zuvor hatten die meisten Bauern das Erdreich von dornigen Büschen und Gestrüpp befreit, um die Netze besser auslegen zu können. Hin und wieder erblickte ich ein paar Grashalme, die nach dem letzten Regen aus dem zuvor vertrockneten Erdreich herausragten.

Vassílis' Hain lag an einem Hang. Er wollte ihn von oben nach unten abernten. Der Motor jaulte auf, als es steil bergauf ging.

Angekommen, genoss ich für einen Augenblick die Landschaft. Das Gebirge schloss die unzähligen Olivenhaine von der einen Seite ein, das Meer auf der anderen. Langsam verzogen sich die dunklen Wolken. Wie schnell das Wetter auf der Insel umschlug!

»Ich gehe mal gerade Vangélis begrüßen.« Vassílis stieg die Anhöhe zum Nachbargrundstück hinauf.

War das jetzt notwendig? Was sollte ich in der Zwischenzeit machen? Schließlich hatte ich wenig Ahnung, wie in der Ernte vorzugehen war. Für Aléx wäre das ein gefundenes Fressen. Sicherlich würde er mir meine Unwissenheit unter die Nase reiben. Doch dazu sollte er keine Gelegenheit bekommen. Entschlossen schleppte ich die Netze vom Wagen. Breitete eins nach dem anderen unter dem ersten Baum aus und, so gut es ging, dicht an den Stamm. Danach band ich einen Jutesack um ihn herum, damit keine Oliven beim Herunterfallen in der Lücke verloren gingen.

Nachdem alles sorgfältig ausgelegt war, richtete ich mich auf. Mein Rücken schmerzte vom ständigen Zerren an den Netzen in gebückter Haltung. Während ich das Werkzeug vom Wagen holte, hielt ich nach Vassílis Ausschau, pfiff laut auf zwei Fingern; vielleicht würde er den Wink mit dem Zaunpfahl verstehen. In der Ferne hörte ich Stimmen, aber Vassílis blieb verschollen.

Energisch griff ich nach dem sechszinkigen Ernteschlagstock, der mich an einen Teufelsstab erinnerte. Dann stieg ich in den ersten Baum. Sein Stamm hatte sich im Laufe der Jahre vergabelt, somit konnte ich mich problemlos hineinstellen und hatte einen sicheren Halt. Einige Tage zuvor hatte mir Vassílis erklärt, dass seine Familie die Bäume nicht allzu hoch wachsen ließ und bei jeder Ernte Äste entfernte, damit der Baum weniger dicht wurde. Mit kräftigen Hieben schlug ich auf die Äste ein. Die Oliven fielen zahlreich hinunter. Ich lächelte, als ich sah, wie sich die grünen Netze füllten.

Nach einer halben Stunde hielt ich inne, ging zum Auto und holte eine Flasche Wasser aus dem Korb. Erfrischend rann die Flüssigkeit durch meine trockene Kehle, doch innerlich fing ich an zu kochen. Wo blieb nur Vassílis? Schließlich waren wir zum Arbeiten hergekommen und nicht zum Plaudern mit dem Nachbarn. Wütend strich ich mir eine Haarsträhne aus dem Gesicht. Zog mir die Jacke und einen Pullover aus, schmiss sie auf die Ladefläche.

»Machst du schon Mittagspause?« Vassílis kam auf mich zu.

»Ich dachte, Vangélis hätte dir einen Sonderbonus geboten, damit du für ihn die Oliven von den Bäumen schlägst«, antwortete ich. »Oder hast du mit deinem Vater eine Wette abgeschlossen nach dem Motto: Mal sehen, wie lange sie durchhält?«

»Wie kommst du denn auf die Idee?« Er griff nach der Säge. »Ich war überhaupt nicht lange weg.«

Vassílis zuckte nicht einmal mit den Augenbrauen, obwohl er meinen Ärger sehen musste!

»Ach, wirklich? Jedenfalls habe ich in der Zeit die Netze ausgelegt und den halben Baum abgeerntet.« Ich zeigte auf mein Werk und war insgeheim stolz auf mich.

Vassílis runzelte die Stirn. Aha, der Herr war nicht zufrieden.

Schon sagte er: »Ach, Doris. Ich wollte mit dem Baum daneben anfangen, dann wäre es einfacher, die Netze weiterzuziehen.«

»Du hättest nicht unbedingt zum Nachbarn gemusst, oder?«

»War das so schlimm?«

»Nicht, wenn es nur kurz gewesen wäre, doch du

hast mich hier ziemlich lange werkeln lassen wie eine Fremdarbeiterin.«

Vassílis winkte ab. »Komm, lass uns weitermachen, damit wir heute noch einiges schaffen.« Er drehte sich um, stapfte zum Baum, stieg hoch und legte die Säge an.

»Du hast ja bereits viel geleistet«, murmelte ich und brachte mich in Bewegung.

»Doris, sei vorsichtig, wenn die abgesägten Äste runterkommen! Die kannst du mit dem Stock bearbeiten und danach am Rande vom Hain auf einen Haufen legen. Im Frühjahr verbrennen wir sie, wenn der Boden feucht genug ist.«

Gerade hatte ich das erste Mal auf die Äste geschlagen, da hörte ich Vassílis' Stimme: »Holst du mir bitte Handschuhe und Schutzbrille aus dem Auto, dann brauche ich nicht vom Baum herunter.«

Ich stöhnte laut auf. Durchs Geäst blickte Vassílis mich mit einem versöhnlichen Lächeln an.

Damit wir endlich vorankamen, legte ich den Stock zur Seite, um das Gewünschte zu holen. Einen Schluck Wasser konnte ich bei der Gelegenheit wieder zu mir nehmen. Die Temperatur stieg an. Es schien doch noch ein sonniger Tag zu werden.

Vassílis sägte reichlich Äste ab, von denen ich anschließend die Oliven schlug. Er selbst kümmerte sich um die verbliebenen. Die Netze füllten sich. Baum nach Baum wurde abgeerntet. Später trugen wir die Früchte zu einer Sammelstelle, sortierten Blätter, Aststücke aus und füllten die Oliven in Jutesäcke. Endlich war der erste Teil zum Abtransport in die Fabrik bereit.

»Es ist Mittagszeit. Holst du die Verpflegung aus dem Auto? Ich suche uns einen schönen Rastplatz im Schatten mit Aussicht aufs Meer.« Vassílis nahm zwei leere Jutesäcke und spazierte in Richtung Bergplateau.

Ich rieb mir den Rücken. Die Ernte erforderte eine enorme Kondition, die mir fehlte. Mit schleppendem Schritt ging ich zum Pick-up, nahm den Proviantkorb und folgte Vassílis auf die Ebene. Erschöpft ließ ich mich auf einem ausgebreiteten Sack nieder.

»Ist das nicht ein herrlicher Anblick!« Vassílis zeigte auf das Panorama vor uns.

Bis hin zur Hauptstraße in einem Kilometer Entfernung reihte sich ein Olivenbaum an den nächsten. Die saftigen Blätter und die kleinen Früchte wehten leicht im Wind. Ein Stück weiter unten ernteten Bauern ihren Hain ab. Man konnte sie nicht sehen, doch das ratternde Motorgeräusch der Erntemaschine schallte bis zu uns herauf. Aléx hatte sich bis dato gegen die mechanischen Geräte gewehrt, weil er davon ausging, dass sie den Baum verletzten, doch Vassílis wollte im nächsten Jahr eine Maschine anschaffen.

In weiter Ferne sah ich das Meer mit weißen Schaumkronen. Ein Zeichen dafür, dass es auf dem Wasser stürmischer zuging als an Land. Die Wolken über uns hatten sich aufgelöst und die Sonne brach hervor. Doch um die Aussicht richtig zu genießen, war ich zu müde und mein Magen gab knurrende Geräusche von sich. Ich packte das mitgebrachte Essen aus. Als Erstes nahm ich den Féta heraus. Die Nachbarin bereitete ihn aus ihrer eigenen Schafsmilch zu. Er schmeckte mild, keinerlei strenger Schafsgeschmack, und war bekömmlich. Zuhause hatte ich ihn mit einer Prise selbst gesammeltem und getrocknetem Oregano bestreut. Nun fehlte ein wenig Olivenöl, das ich aus dem Proviantkorb holte und darüber träufelte. Das Kichererbsenmus, hier *Fáva* genannt, hatte ich am Vorabend gekocht. Es brauchte eine längere Garzeit. Die in kleine Stücke zerhackten Erbsen wurden im Topf mit Wasser aufgefüllt und mussten nach dem ersten Aufkochen auf kleinster Stufe garen, bis das Wasser verdunstet war. Danach ging ich mit dem Pürierstab hinein. *Fáva* wurde normalerweise lauwarm gegessen, doch zur Olivenernte passte es im kühlen Zustand. Ich füllte zwei Teller, streute zerkleinerte Zwiebeln über das Mus und vollendete das Gericht mit einem guten Schuss Olivenöl; dadurch erhielt es einen herzhaften Geschmack.

Vassílis griff sofort zu. Zum Nachtisch labten wir uns an frischem Obst. Am Morgen hatte ich die Banane, eine Orange, eine Kiwi, die Birne und den Apfel in handliche Stücke geteilt. Die süße Orange stammte vom Baum aus dem eigenen Garten, ebenso der Apfel, der spritzig schmeckte.

»Das war gut.« Vassílis legte sich zurück, schob die Arme unter den Kopf. »Ich könnte jetzt eine Runde schlafen.«

»Sollten wir nicht weitermachen?« Nach dem Essen spürte ich, dass sich meine müden Glieder entspannt hatten. Der Rücken schmerzte nicht mehr und ich fühlte mich wieder kräftig genug, um mit der Ernte fortzufahren.

»Lässt du mich fünf Minuten die Augen schließen?«

»Und was mache ich in der Zwischenzeit?«

Als Antwort vernahm ich ein leises Schnarchen.

Dass er immer auf Kommando einschlafen konnte! Ich schüttelte den Kopf. Dann räumte ich die Essensreste zusammen, legte mich neben Vassílis und streckte mich aus. Erst da wurde mir der Muskelschmerz am rechten Schlagarm bewusst.

»Spinnst du? Musst du mir mit dem Arm ins Gesicht hauen, um mich zu wecken?«, rief Vassílis.

Ich fuhr hoch und wusste im ersten Augenblick nicht, wo ich mich befand. Unser Schattenplatz lag nun in der prallen Sonne und ich musste blinzeln.

»Ich habe überhaupt nichts gemacht.«

Da zuckte mein rechter Arm, wie von Geisterhand geführt, empor und traf Vassílis in den Magen. Er sprang auf und begann zu lachen.

»Was ist daran lustig?« Ich hielt mir mit der linken Hand den rechten Arm fest.

»Als ich das erste Mal in die Oliven ging, hat sich mein Arm auch selbstständig gemacht. Du bist diese Arbeit nicht gewohnt.« Er zog mich zu sich. »Ich habe dich heute Morgen absichtlich alleine werkeln lassen«, flüsterte er mir ins Ohr und verstärkte seine Umarmung.

Ich wand mich heraus und stützte meine Hände in die Hüften. »Ach so! Doch eine Wette mit deinem Vater? Oder was wolltest du mir damit beweisen?«

»Nur ein kleiner Test für den Fall, dass ich mal nicht dabei sein kann, sondern bei ruhigem Seegang auf Fischfang bin. Aber ich war mir sicher, du würdest gut zurechtkommen.«

Tief in mir fühlte ich mich geehrt, dennoch ließ ich es mir nicht anmerken. »Ich dachte schon, du entpuppst dich als Macho.«

»Ich wollte, dass du selbst Entscheidungen triffst, wie und wo die Netze ausgelegt werden, und ein Gefühl dafür entwickelst.«

»Danke für die Aufklärung.« Die Worte kamen nicht ganz ohne Ironie aus mir heraus. Zur Versöhnung gab ich ihm einen Kuss auf die Wange; ich konnte ihm gar nicht böse sein und drehte mich weg. »Und vergiss nicht, alles zum Auto zu tragen.«

»Ohne deine Hilfe?«

»Du durftest ja fünf Minuten die Augen schließen. Abgesehen davon, ist es gut für die Kondition! Ist nur ein kurzes Stückchen bergauf!«, rief ich ihm beim Weggehen zu.

Vassílis folgte mir voll bepackt. Danach ernteten wir weitere Bäume ab.

Am späten Nachmittag schleppte Vassílis die gefüllten Säcke zum Pick-up. Unterdessen zog ich die Netze unter den nächsten Baum, damit wir am folgenden Tag sofort mit dem Ernten anfangen konnten. Dieses Mal ging es mir schneller von der Hand. So war ich schon fertig, als Vassílis drei weitere Säcke hinauftrug. Ich saß auf der Ladefläche, baumelte entspannt mit den Beinen und hielt den rechten Arm fest im Griff.

Féta (Schafskäse)

150 g Féta
¼ Tasse Olivenöl
Prise Oregano

Das Öl über den Féta geben. Mit Oregano bestreuen.

Fáva (gekochter gelber Erbsenbrei) *

FÜR 4 PERSONEN

½ Kilo getrocknete gelbe Erbsen (Fáva)
1 kleine Frühlingszwiebel, feingehackt
etwas Salz
etwas Olivenöl
Zitronensaft (nach Bedarf)

Die Erbsen waschen. In 1½ Liter Wasser kochen. Den gelblichen Sud, der sich beim ersten Aufkochen sammelt, abschöpfen. Dann auf kleinster Stufe gar kochen, bis die Erbsen die Flüssigkeit aufsaugen. Pürieren. Auf einem tiefen Teller anrichten. Salz, Zwiebel, Olivenöl und nach Bedarf Zitronensaft hinzugeben.

Obstteller

1 Orange
1 Banane
1 Birne
1 Apfel
1 Kiwi

Das Obst in handliche Stücke schneiden und auf einem Teller anrichten.

Die Olive

Der Duft von Knoblauch und Rosmarin verteilte sich im Raum. Ich stand in der Küche, vermengte Olivenöl mit Gewürzen und Kräutern, als ich Aléxandros draußen weinen hörte. Hastig wischte ich mir die Hände an der Schürze ab, da trat auch schon Vassílis' Vater ein. Auf dem Arm trug er seinen Enkel.

»Was ist passiert?« Ich zeigte auf die leicht blutende Wunde an Aléxandros' Knie. Ein wenig Haut war aufgeschrammt.

»Er ist auf den Olivenbaum geklettert und abgerutscht«, berichtete Aléx.

Unser Sohn war nach seinem Pappoú, die griechische Bezeichnung für Großvater, benannt worden. Dieser Tradition hatten wir uns nicht entziehen können. Vorsichtig trug er Aléxandros ins Wohnzimmer auf die Couch. Aléx war sein Alter nicht anzusehen. Noch immer hatte er einen aufrechten Gang und schuftete härter als ein junger Mann im Garten und im Olivenhain.

Abgesehen davon, versorgte er unzählige Hühner und Kaninchen. Ganz zu schweigen vom täglichen Melken der acht Ziegen, die uns, bis auf die trächtigen Tage, frische Milch schenkten.

»Mami«, jammerte mein Sohn.

Ich kniete mich hin, strich ihm eine schwarze Locke aus der Stirn, trocknete seine Tränen. Er schlang die Arme um meinen Hals.

»Tut es sehr weh?«, fragte ich.

Er nickte heftig.

»Ich werde die Wunde erst reinigen und dann verbinden.«

Er schniefte. Sein Großvater hatte es sich in der Zwischenzeit im Sessel bequem gemacht und sprach ruhig auf Aléxandros ein.

»Wenn die Mami damit fertig ist, erzähle ich dir eine Geschichte. Magst du?«

»Ja«, kam es ein wenig freudiger aus Aléxandros' Mund.

Ich beeilte mich.

Es flossen noch einige Tränen, weil es beim Saubermachen und dem Auftragen von Jod brannte, aber bald darauf war es für Aléx an der Zeit, die Geschichte zu erzählen. Er setzte sich auf die Couch, legte einen Arm um den Enkel. Der schmiegte sich an seine Brust.

Ich zog mich in die Küche zurück, als Aléx begann:

»Reich verzweigt, mit grüngrauer, knorriger Rinde stand der Olivenbaum seit über einhundert Jahren stolz am Rande eines Hains. Er war einer von siebenhundertfünfzig Millionen, die es auf der Welt gab.

Im Frühjahr, nach der Beschneidung der Äste für eine bessere Ernte, ließ der Bauer ihm seine wichtige Ruhezeit, damit ab Ende April die Blüten sprießen konnten. Nach der Blütezeit, die Anfang Juni endete, kamen die Früchte zaghaft hervor und wuchsen während des Sommers, der das Land mit trockener Hitze versorgte. Nun hieß es, ausgiebig die Bäume bewässern. Die bis zu sechs Meter tiefen Wurzeln saugten das Wasser aus dem Erdreich in den Stamm und von dort gelangte es hinauf bis in die Äste.« Aléx hielt einen Moment inne, dann hörte ich ihn fragen: »Wie die Blätter der Olivenbäume aussehen, weißt du, nicht wahr?«

»Grün sind die und von unten glänzen sie!«, kam Aléxandros' Antwort.

»Richtig! Die Unterseiten sehen silbrig aus. Da haben die gestielten, ledrigen Blätter kleine Sternhaare.

Mitte November war es soweit: Die unreifen, grünen Oliven hatten ihre Farbe gewechselt. Violett oder schwarz schimmernd waren sie zur Ernte bereit.

›Ich bin ganz aufgeregt!‹, sprach die Olive und ließ sich vom sanften Wind schaukeln. ›Und ihr?‹ Mit dem nächsten Windhauch stieß sie die Oliven neben sich an.

Es folgte keine Reaktion.

›Sagt mal, wieso redet ihr nicht mit mir? Mich hat die Olivenfliege nicht erwischt! Ich habe mich gewehrt, mein Fruchtfleisch ist gesund und saftig. Also, was stört euch an mir?‹

Alle schwiegen beharrlich; sie musste sich mit den stummen Früchten um sich herum abfinden. Eine Heuschrecke kreuzte ihren Ast.

›Hörst du mich?‹

Das Insekt gab keinen Mucks von sich, sprang auf den nächsten Zweig.

Einige Tage später machte die Olive am Rand des Hains Menschen aus.

›Die werden mich bestimmt verstehen. Ich muss mich gedulden, bis sie meinen Baum abernten‹, sagte die Olive. Sie beobachtete die Erntehelfer, wie sie ihre grünen Netze breitflächig auf dem Boden auslegten, um danach in die Bäume zu steigen. Kurz darauf hörte die Olive Sägegeräusche. Äste fielen herunter. Flink nahmen die Frauen sie auf und schlugen mit Stöcken auf sie ein. Die Früchte purzelten zahlreich in die Netze.

Bald werden sie bei mir ankommen. Aus mir können sie gutes Öl herstellen!, dachte die Olive.

An einem sonnigen Nachmittag war die Wartezeit endlich vorbei.

Die Olive wisperte: ›Hallo, kann mich jemand verstehen?‹ Voller Erwartung versuchte sie, trotz des windstillen Tages hin und her zu baumeln, um auf sich aufmerksam zu machen. Verzweifelt sah sie, wie rundum ihre Brüder und Schwestern in die Netze kullerten.

›Wieso habt ihr mich nicht geerntet? Seht doch, wie gut gereift ich bin!‹, schrie sie empört, als die Bauern ihre Gerätschaften auf den Pick-up luden. Sie fuhren mit den prall gefüllten Säcken davon.

Traurig hing die Olive an ihrem Zweig. Plötzlich kam heftige Bewegung im Geäst auf. Eine Amsel hatte sich niedergelassen.

›Warum hat man mich nicht geerntet?‹, fragte die Olive leise, ohne eine Antwort von dem Vogel zu erwarten.

›Bei der Menge bist du übersehen worden. Du hast am Zweig allzu festgesessen, die harten Schläge haben dich nicht herunterfallen lassen‹, antwortete der schwarze Gast.

›Du hast verstanden, was ich gesagt habe?‹ Die Olive freute sich.

Der Vogel nickte. ›Sei nicht enttäuscht, wir Vögel wissen die zurückgebliebenen Oliven zu schätzen.‹

›Aber ich will nicht von dir gefressen werden!‹

›Was bleibt dir anderes übrig?‹ Die Amsel hüpfte näher heran.

Fieberhaft dachte die Olive nach, dann platzte sie heraus: ›Vielleicht könntest du mich pflücken und zur Fabrik fliegen? Mein Traum ist es, später in einem Salat oder einem anderen Gericht verarbeitet zu werden. Bitte!‹ Sie sah die Amsel an, die den Kopf zur Seite geneigt hatte.

›Du bist ziemlich schräg drauf. Dann wirst du doch auch verzehrt, wo ist da der Unterschied?‹ Sie kam der Olive gefährlich nahe.

›Aber dafür bin ich gewachsen, damit aus mir Öl hergestellt wird! Oder ich eingelegt werde in verschiedene Salz-Essig-Laken und später als Appetithäppchen zum Raki vernascht. Bitte erfülle mir meinen Traum.‹

›Ich hab noch nie eine solch fantasievolle Olive getroffen. Eigentlich hielten die anderen alle den Mund und rührten sich nicht, ich konnte sie genüsslich verschlingen.‹

›Bitte, bitte. Ich möchte nicht von dir gefressen werden.‹

Da öffnete die Amsel ihren Schnabel und mit einem Ruck zog sie die Olive, der angst und bang wurde, vom Zweig. Aber statt sie zu schlucken, breitete der Vogel die Flügel aus und flog in Richtung Dorf.«

»Schon zu Ende, Pappoú?«

»Ja, mein Junge. Schlaf jetzt ein wenig«, meinte der Großvater und schob ihm ein Kissen unter den Kopf.

Ich stand an der Tür und beobachtete, wie fürsorglich er mit seinem Enkel umging. Sofort nickte Aléxandros ein.

»Bleibst du zum Abendessen?«, fragte ich.

»Kommt darauf an, was es gibt.« Aléx folgte mir in die Küche.

»Féta aus dem Ofen und Fisch.«

»Gebackenen Käse, so wie ich ihn mag, herzhaft, mit Paprika und Tomate obenauf und einem guten Schuss Olivenöl?«

»Ja.«

Bereitete ich ein Essen zu, zerlegte Aléx es erst theoretisch in seine Einzelteile. Nach dem Motto: Was der Bauer nicht kennt, isst er nicht. Somit musste das Fischgericht auch daran glauben. Er zählte alle Zutaten auf und erklärte mir genauestens den Kochvorgang. Zum Schluss sagte er: »Ich bleibe. Ist Vassílis im Garten?«

»Er wollte das Gemüse bewässern.«

»Gut, dabei kann ich ihm Gesellschaft leisten.«

Aléx ging und ich bereitete den Fisch zu, indem ich ihn auf die zuvor gedünsteten Zwiebeln und den Knoblauch legte. Den Abschluss bildeten die geriebenen Tomaten, die ich hinzufügte. Erst am Morgen hatte ich das Gemüse geerntet, das durch seine Sonnenreife der Soße einen süßlichen Beigeschmack schenkte. Die Oliven lieferten die noch fehlende Säure.

»Wieso sortierst du deine Oliven aus der Soße?«, fragte ich meinen Sohn später, als wir alle am Tisch saßen.

»Ich mag sie nicht essen.«

»Aber wieso? Die hast du doch immer gemocht.«

»Da wusste ich noch nicht, dass sie sprechen können.«

Ich sah zu Aléx hinüber, der sich wie ich ein Lachen verkniff.

Olivenöl mit Knoblauch und Rosmarin

2 Tassen Olivenöl
2 Knoblauchzehen
1 Zweig Rosmarin
5 Pfefferkörner

Olivenöl in eine kleine Flasche abfüllen. Knoblauchzehen, einen kleinen Zweig Rosmarin und Pfefferkörner hinzugeben. An einem kühlen, dunklen Ort aufbewahren. Nach circa zehn Tagen kann das Öl verwendet werden. Dafür erst die Zutaten entfernen.

Féta aus dem Ofen

FÜR 2 PERSONEN

200 g Féta (Schafskäse)
1 mittelgroße Tomate
½ grüne Paprika
¼ Tasse Olivenöl

Den Féta in eine feuerfeste Form geben. Die Tomate, die Paprika waschen, in hauchdünne Scheiben schneiden und auf dem Käse verteilen. Das Olivenöl darüberträufeln. Den Backofen auf 180 Grad vorheizen. Danach den Féta circa 15 Minuten in den Ofen schieben. Sobald er weich wird, heiß servieren.

Fisch in Tomaten-Olivensoße *

FÜR 4 PERSONEN

1½ Seezunge oder Rotbarschfilet (Fisch nach Belieben)
1½ Kilo mittelgroße, sonnengereifte Tomaten
(oder 2 Dosen geschnittene Tomaten)
1 mittelgroße Zwiebel
3 Knoblauchzehen

½ Bund Petersilie
100 g schwarze Oliven
½ Tasse Olivenöl
½ Glas Weißwein (bei Bedarf)
Salz, Pfeffer

Fisch säubern, dann gut salzen. Die Tomaten waschen, schälen (kurz in heißes Wasser tauchen, dann lässt sich die Schale besser abziehen). Danach in Stücke schneiden. Die Zwiebel schälen und in dünne Scheiben schneiden. Olivenöl in einem tiefen Topf erhitzen. Die Zwiebel darin glasig dünsten. Die Knoblauchzehen vierteln, kurz mit anbraten. Fisch darauf legen, kurz andünsten lassen. Dann Tomaten hinzugeben, salzen, pfeffern. Fünf Minuten auf mittlerer Stufe kochen. Darauf achten, dass der Fisch von der Tomatensoße bedeckt ist. Auf kleiner Stufe 20 Minuten garen. In der Zwischenzeit Petersilie waschen und in Streifen schneiden. Fünf Minuten vor Ende der Garzeit mit den Oliven in den Topf geben. Vorsichtig sein beim Umrühren, dass der Fisch nicht auseinanderfällt. Nach Bedarf ein halbes Glas Weißwein hinzugeben.

Kuchen mit Olivenöl

1½ Tassen Olivenöl
1½ Tassen Zucker
3½ Tassen Mehl
1 Tasse Milch
4 Eier
2 Teelöffel Backpulver
1 unbehandelte Zitrone (davon Saft und Schale verwenden)
1 Teelöffel Soda
1 Teelöffel Zimt
Prise Salz

Die Soda im Zitronensaft, das Backpulver in der Milch auflösen. Eiweiß steif schlagen. Den Zucker ins Olivenöl geben, schaumig rühren. Eigelb, Zimt, Soda mit Zitronensaft, Milch mit Backpulver, abgeriebene Schale der Zitrone, Prise Salz und das Mehl dazugeben und gut mischen. Das geschlagene Eiweiß vorsichtig unterrühren. Eine Kuchenform gut ausfetten und den Teig hineingeben. Bei mittlerer Hitze circa 50 Minuten backen.

Alles braucht seine Zeit

Der Bus hielt an. Mit erdverdreckten Fingern winkte ich meinem Sohn zu, der als letzter am Ausgang erschien. Ich half gerade seinem Opa, Samen in Blumentöpfe zu setzen. Aléxandros sprang die Stufen aus dem Bus herunter und kam über die Straße gelaufen.

»Jássu, Mami, Jássu Pappoú!«

Aléx' Haus lag an der Hauptstraße. Hier machte mein Sohn jeden Mittag halt, wenn er aus der Schule kam, die sich im Bergdorf befand.

»Jássu, Kind. Ich hol dir deine Milch«, sagte mein Schwiegervater.

Unterdessen ließ Aléxandros sich auf einen der Holzstühle fallen, die auf der Terrasse standen. Er schaute dem Opa nach, der in die Küche ging, um ihm seine tägliche Ration Ziegenmilch zu holen. Das verschaffte ihm die Gelegenheit, das Spiderman-Spiel, das er zu seinem neunten Geburtstag bekommen hatte, zu einem höheren Level zu bringen. Ich beobachtete ihn dabei.

Hin und wieder murmelte er etwas Unverständliches vor sich hin; wahrscheinlich war ihm eins seiner Spielleben abhanden gekommen. Ich hatte mir Aléxandros' Gameboy neulich ausgeliehen und es nicht einmal bis zum ersten Level geschafft.

Der Großvater stellte das Glas vor ihm ab und einen Teller mit getrocknetem Weißbrot daneben. Mit einer Hand tauchte Aléxandros das Brot in die Milch ein, mit der anderen speicherte er sein Spiel und schaltete den Gameboy aus.

»Wie war's in der Schule?«, hörte ich Aléx fragen.

»Langweilig«, antwortete mein Sohn kauend.

»Warum?«

»Wir reden über den Zweiten Weltkrieg.« Mit einem letzten Schluck leerte er das Glas und wischte sich den Mund mit dem Handrücken ab.

»Das ist wichtig.« Sein Opa setzte sich ihm gegenüber.

»Ist doch Vergangenheit.«

»Aus der Zeit kann ich dir viel erzählen.« Aléx beugte sich vor, wollte ansetzen, weiter zu sprechen, doch Aléxandros sprang auf.

»Ich geh lieber mit dem Hund spazieren.« Er wandte sich in Richtung Garten.

»Das brauchst du nicht, er ist gewohnt, an der Leine zu liegen!«, rief der Großvater ihm hinterher.

Aléxandros drehte sich um. »Guten Mittagsschlaf, Pappoú!«

»Warte, ich komme mit!« Flüchtig wischte ich mir

die Hände ab, verabschiedete mich von Aléx und folgte meinem Sohn; bald hatte ich ihn eingeholt.

»Iraklís!«, machte er den Hund von weitem auf sich aufmerksam, der ihn daraufhin schwanzwedelnd begrüßte. »Jeden Tag dasselbe! Wenn's nach Pappoú ginge, würdest du nie von der Leine kommen.« Er streichelte ihm den Kopf, ließ ihn frei.

Ich setzte mich in den Schatten eines Baumes, lehnte den Kopf an den Stamm und sah den beiden nach. Iraklís blieb an Aléxandros' Seite. Sie liefen in den Olivenhain. Mein Sohn warf Steine und Äste, hinter denen der Hund herjagte. Unterdessen ging er seiner täglichen Aufgabe nach und öffnete die Bewässerungsschläuche für die Bäume. Während die Wurzeln sich vollsaugten, kamen Aléxandros' Freunde dazu. Sie bildeten zwei Gruppen und spielten Fußball. Ausgelassen sprintete der Rüde zwischen den Gegnern hin und her, um den Ball zu erwischen.

Nachdem eine Mannschaft mit zwei Toren Unterschied gewonnen hatte, brachte Aléxandros Iraklís zurück zur Hundehütte. Mein Sohn und ich machten uns auf den Heimweg. Zehn Minuten Fußmarsch lagen vor uns. Wir marschierten durch Opas Garten. Aus distelartigen, krautigen Pflanzen wuchsen Artischocken langsam heran. Ansonsten hatte mein Schwiegervater Brokkoli, Blumenkohl, Salat und Kartoffeln als Wintergemüse angepflanzt. Bis auf die Kartoffeln, die noch einige Zeit brauchten, erntete er täglich davon. Weiter ging's, vorbei an Aléx' beachtlichem Olivenhain. Danach kamen wir zu unserem Grundstück, auf dem ebenfalls Olivenbäume standen. Am Rande befand sich ein kleiner Gemüsegarten. Aléxandros hatte dabei geholfen, die Samen für die Sommerernte auszustreuen. Tomaten, Gurken, Zucchini, Auberginen und Paprika würden hier in wenigen Monaten gedeihen.

»Können wir Iraklís zu uns nehmen? Er ist jedes Mal traurig, wenn ich ihn wieder ankette«, sagte Aléxandros am Mittagstisch zu Vassílis und mir.

»Er gehört deinem Großvater. Die älteren Dorfbewohner kennen das nicht, Hunde auszuführen. Sie sollen ihren Zweck erfüllen, auf die Hühner- und Kaninchenställe aufpassen und anschlagen, wenn ein Marder eindringen will«, antwortete Vassílis.

»Aber ...«

»Das gehört zu ihrer Generation. Wir sollten versuchen, es zu respektieren.«

»Das ist nicht einfach«, erwiderte Aléxandros.

»Sei froh, dass mein Vater dich überhaupt mit ihm spazieren gehen lässt.«

Ich reichte Aléxandros die Schüssel mit Brokkoli. Er winkte ab und griff bei den frittierten Kartoffelstäbchen genussvoll zu.

Am nächsten Tag fiel die Haustür krachend ins Schloss.

»So früh?«, fragte ich, als Aléxandros in die Küche stürmte. »Du bleibst doch sonst immer bis zum Mittag bei deinem Großvater und kümmerst dich um die Bewässerung der Oliven.«

Wütend warf mein Sohn den Ranzen in die Ecke. Er setzte sich an den Tisch und stützte den Kopf in die Hände.

»Hattet ihr Streit wegen Iraklís?«, bohrte ich nach.

»Pappoús' Freund hat ihm erzählt, dass ein Deutscher Land vom Ziegenhirten gekauft hat. Daraufhin hat Pappoús gesagt: ›Diese verdammten Deutschen.‹ Und du bist Deutsche.« Er sah mich an.

»Es spielt keine Rolle, woher man kommt«, sagte ich.

»Für ihn schon! Ich dachte, er mag dich.«

»Er meint es nicht so. Schau mal.« Ich hob sein Kinn an. »Dein Opa hat den Zweiten Weltkrieg miterlebt. Deutsche Soldaten sind mit Fallschirmen auf der Insel gelandet. Während der Besatzung kam es oft zu Auswüchsen, unter denen die kretischen Einwohner litten. Er kann das nicht vergessen. Verstehst du das?«

»Nicht wirklich.«

»Während des Krieges erkrankte er an Typhus und wäre fast daran gestorben.«

»Aber dafür können die heutigen Deutschen doch nichts.«

»Leid ist meist einfacher zu verkraften, wenn man jemanden dafür schuldig machen kann. Auch wenn das nicht korrekt ist. Denk mal darüber nach.«

Aléxandros nickte, stand auf und verschwand in sein Zimmer.

»Riecht lecker!«, rief Aléxandros, während er die Küchentür aufstieß.

»Sag mal, fällt bei euch seit Tagen eine Schulstunde aus, oder warum bist du wieder so zeitig zu Hause?«

Ich bereitete gerade *Kalitsoúnia* zu, das traditionelle süße Käsegebäck zur Osterzeit. Das Telefon klingelte. Mit Ringfinger und Daumen, den einzigen nicht klebrigen Fingern, hob ich den Hörer ab und klemmte ihn mir zwischen Ohr und Schulter. Aléxandros griff nach dem fertigen Backwerk und biss gierig hinein. Ich lächelte. Wusste ich doch, wie sehr er den darin verarbeiteten Käse mochte. Er schmeckte mild und passte somit hervorragend zum Zimt. Dann konzentrierte ich mich aufs Gespräch.

Während ich auflegte, rief ich meinen Sohn, der in der Zwischenzeit in sein Zimmer gegangen war: »Aléxandros, komm bitte wieder her!«

Es dauerte eine Weile, bis er zurückkam.

»Dein Großvater macht sich Sorgen. Gehst du nicht mehr zu ihm?«

»Ich bin stinksauer auf ihn, weil er auf die Deutschen geschimpft hat.«

»Eigentlich sollte ich ihm böse sein, oder?«

Aléxandros zog die Schultern hoch.

»Du bist hier geboren und hast die griechische Staatsangehörigkeit.«

»Trotzdem bin ich halb deutsch und halb griechisch.«

»In jedem Land gibt es Leute, die über andere Nationen meckern. Auch in Deutschland. Ich nehme ihm seine Worte nicht übel, weil ich weiß, dein Großvater liebt uns, und im Grunde ist es ihm gleich, woher ich komme.«

»Das glaub ich dir nicht!«

»Was gibt's?«, fragte Vassílis, der in diesem Moment hereinkam.

Aléxandros erzählte ihm von Pappoús' Äußerungen.

»Höre mir mal zu, mein Sohn. Vor dreizehn Jahren war mein Vater mit unserer Heirat nicht einverstanden gewesen, sprach monatelang nicht mit mir. Doch als er deine Mutter näher kennenlernte, änderte er seine Meinung. Deine Großmutter«, er bekreuzigte sich, da seine Mutter vor Aléxandros' Geburt entschlafen war, »verhielt sich positiver, obwohl sie die Landung der deutschen Soldaten miterlebt hatte. Sie stammte aus der Gegend vor Chaniá, in deren Nähe sich der deutsche Soldatenfriedhof befindet. Deine Oma fuhr Jahrzehnte nach dem Krieg mit dem Bus dorthin, um sich die Grabstätte anzuschauen. Sie selbst hatte zahlreiche Verwandte, Freunde und Schulkameraden durch den Krieg verloren. Als sie über den Friedhof ging, traf sie auf eine schwarz gekleidete alte Griechin. Diese kniete an einem Grab nieder und legte einen Strauß Margeriten auf den Stein. Deine Großmutter trat näher und sprach sie an: ›Warum legst du Blumen für einen Feind aufs Grab?‹ Die Frau antwortete: ›Weil seine Mutter es nicht für ihn machen kann. Ich habe drei meiner Söhne verloren. Sie waren jung, unschuldig, aber ich kann sie besuchen, wann immer ich möchte.‹ Dieses Erlebnis veränderte meine Mutter. Von da an empfing sie jeden, egal welcher Herkunft, mit offenen Armen«, endete Vassílis seine Erzählung.

»Und warum macht es nicht auch Pappoús?«

»Er tut es. Das erkennst du daran, dass viele Touristen bei ihm einkehren und oft wiederkommen, stimmt's?«

»Hat das nicht damit zu tun, dass er Olivenöl, Gemüse und Wassermelonen verkauft?«, fragte Aléxandros.

»Auch, doch oft bittet er die Vorbeikommenden einfach an seinen Tisch. Er ist sehr gastfreundlich.«

»Ich kapiere nicht, warum er trotzdem auf die Deutschen schimpft.«

»Frag ihn.« Ermunternd nickte Vassílis ihm zu.

Ich begleitete Aléxandros zu seinem Großvater, nahm mir jedoch vor, mich aus dem Gespräch herauszuhalten.

»Mist, Pappoús hat Besuch«, sagte Aléxandros.

»Warte mal ab.« Ich gab ihm einen Schubs.

Freundlich grüßte mein Sohn und setzte sich neben seinen Cousin Spíros auf die Terrasse. Der Großvater stellte ihm ein Glas Ziegenmilch hin und klopfte ihm kameradschaftlich auf die Schulter. Seine Erleichterung konnte ich ihm ansehen. Ich ließ mich auf der Steinmauer nieder. Freudig erzählte Spíros, dass sein Studium beendet sei und er darauf warte, zum Militär eingezogen zu werden.

»Musst du denn sofort dorthin?«, fragte Aléxandros.

»Ich will.«

»Darauf hätte ich keinen Bock.«

Sein Cousin warf ihm einen strengen Blick zu. »Auch wenn du keine Lust dazu hast, du musst!«

»Warum?«

»Damit wir im Kriegsfall vorbereitet sind.«

»Pappoú, denkst du, es könnte Krieg geben?« Aléxandros sah dem Großvater in die Augen.

»Ich hoffe nicht. Euch soll erspart bleiben, unter Ausländern zu leiden.«

»Ständig hackst du auf den Ausländern rum! Ich bin auch ein halber. Und was ist mit meiner Mutter und unseren Verwandten in Deutschland?«

Wütend sprang Aléxandros auf, und ohne die Antwort des Großvaters abzuwarten, rannte er davon. Auf mein Rufen reagierte er nicht. Langsam ging ich ihm nach. Ich fand ihn in der Küche vor. Als ich eintrat, verschwand er in sein Zimmer.

Eine Weile später kam Vassílis heim. Sein Vater hatte ihm vom aufmüpfigen Verhalten unseres Sohnes erzählt. Ich sah in Aléxandros' Zimmer; er hatte sich aufs Bett gelegt und war eingeschlafen.

Vassílis und ich machten uns Sorgen um ihn. Er war in eine Zeit hineingeboren, in der sich Europa erweiterte. Nationen vereinten sich, schlossen sich zusammen. Offene europäische Grenzen, das Vorlegen eines Passes war abgeschafft. Doch in den Erinnerungen der älteren Generation saßen die Kriegserlebnisse tief verankert. Wir überlegten bis in die Nacht hinein, wie wir den Streit zwischen Großvater und Enkel schlichten könnten.

Sofort nach der Schule verschanzte sich Aléxandros im Haus, saß vor dem Computer oder spielte in der Hängematte Gameboy.

»Willst du nicht wenigstens Iraklís ausführen?«, fragte Vassílis, als Aléxandros ihm beim Netze flicken zusah.

»Dann meckert Pappoús nur wieder«, murmelte er.

»Und die Olivenbäume? Du warst stolz darauf, dass durch deine Bewässerung im Herbst eine bessere Ernte erzielt wurde.«

»Sind Pappoús' Oliven!«

Ich folgte dem Gespräch stumm.

»Seit Jahren hat dein Großvater sich nicht mehr darum gekümmert. Als du drei warst, sind wir das erste Mal gemeinsam zum Bewässern dorthin gegangen. In Griechenland gilt das ungeschriebene Gesetz: Wenn sich jemand einige Jahre nicht um sein Land kümmert, auf dem Olivenbäume wachsen, und ein anderer macht es an seiner Stelle, dem gehören die Grundstücke auch ohne Vertrag.«

Aléxandros sah auf. »Echt?«

Vassílis nickte.

»Gehören die Bäume jetzt mir?«

»Das liegt an dir.«

Das Netz war fertig. Vassílis trug es hinaus. Eilig zog sich Aléxandros die Jacke über.

»Ich werde mich mal um meine Olivenbäume kümmern und Iraklís mitnehmen.«

Das griechische Osterfest stand bevor. Seit Jahren war

es Tradition, dass die Feier in unserem Garten stattfand. Aléx' Geschwister, Kinder und Enkelkinder würden sich einfinden.

Mein Sohn saß über den Hausaufgaben. »Kann ich mir deinen Rechner ausleihen?«, fragte ich. »Am besten wir stellen ihn für die nächsten Tage ins Wohnzimmer.«

Erstaunt sah Aléxandros vom Mathematikbuch auf. »Du willst den Computer haben?«

»Einverstanden?«

Er nickte. Schnell zog ich den Stecker heraus und verschwand samt Rechner aus seinem Zimmer, bevor er noch mehr Fragen stellen konnte.

Aléxandros trug mir den Bildschirm und die Tastatur nach. »Für was brauchst du den PC?«

»Das erkläre ich dir später.« Schließlich sollte es eine Überraschung werden und eine Versöhnung zwischen ihm und seinem Großvater.

Nach einer halben Stunde trieb die Neugierde meinen Sohn wieder zu mir. Ich saß auf der Couch. Aléxandros schlich näher.

»Du suchst Rezepte im Internet?«, fragte er.

»Ja«, gab ich schnell zur Antwort.

Das war ihm wohl zu langweilig, denn kurz darauf ging er zurück in sein Zimmer.

»Übst du für deinen PC-Kurs?«, fragte Aléxandros am folgenden Morgen.

Sein Vater saß am Computer und arbeitete in einem Grafikprogramm. Im Dorf wurden zehn Unterrichtsstunden angeboten. Vassílis hatte sich dazu angemeldet. Somit würde unser Sohn uns vorerst nicht auf die Schliche kommen.

»Hhmm.«

»Sieht nach einer griechischen Flagge aus.«

»Richtig erkannt.«

Aléxandros kam zu mir in die Küche, schmierte sich ein Butterbrot.

»Wo liegt der Autoschlüssel?« Suchend sah ich mich um.

»Wo willst du hin?«, fragte Aléxandros.

»In die Stadt zum Supermarkt.« Ich holte eine Dose vom Regal, öffnete sie und zog ein paar Geldscheine heraus.

»Wieso? Kammer und Kühlschrank sind total voll«, meinte er.

»Mir fehlen einige Zutaten. Willst du bis zur Busstation mitfahren?«

Schnell schob er sich das letzte Stück Brot in den Mund, griff den Ranzen und folgte mir.

»Jássu, Papa.«

Vassílis sah kurz auf und winkte ihm zu.

Am Ostersonntag meinte es die Sonne mit ihrer strahlenden Wärme gut. Aléxandros beobachtete mich durchs Küchenfenster. Ich wirbelte geschäftig umher. Im Wohnzimmer bastelte Vassílis. Er hatte unseren Sohn gebeten, ihm Bescheid zu geben, wenn die ersten Gäste eintrafen.

Der Großvater schritt in den Garten. Ich sah, dass Aléxandros ihm freundlich die Hand zum Gruß reichte. Danach zog er sich zurück, klopfte an die Scheibe.

»Kann ich anfangen, den Tisch zu decken?«

»Gerne.« Ich reichte ihm das Geschirr durchs Fenster.

Immer mehr Familienmitglieder und Freunde fanden sich hinter dem Haus ein. Vassílis füllte die Gläser mit Wein und es wurde mit dem traditionellen *Christós anésti* und *alithós anésti* angestoßen, das dem *Christus ist auferstanden, er ist wahrhaft auferstanden* entspricht.

Ich verfolgte von drinnen ein Gespräch zwischen meinem Sohn und Vassílis' Bruder.

»Habt ihr die Ziege noch nicht auf den Grill gespießt, Aléxandros?«, fragte sein Patenonkel.

»Gibt keine Ziege!«

»Ohne Ziege ist es kein richtiges Osterfest.« Der Onkel sah ihn verwundert an.

Aléxandros zog die Schultern hoch.

Ein wenig später steckte er den Kopf wieder durchs Fenster. »Kann ich das Essen ...« Er hielt im Satz inne. Vor Staunen blieb sein Mund offen. Sein Blick fiel auf die Anrichte. Dort standen unzählige Schüsseln, Platten, alle dekoriert mit Fahnen.

»Lass dir beim Hinaustragen helfen. In der Zwischenzeit richte ich die warmen Speisen an.«

»Das wird Pappoús niemals essen«, bemerkte Aléxandros.

Ich hatte Gerichte aus einigen europäischen Ländern

zubereitet. Eine Fahne wehte an einem Zahnstocher, der am jeweiligen Tellerrand festgeklebt war, und zeigte das Herkunftsland der Speise an. Mein Schwiegervater bediente sich nur aus den Schüsseln, an denen eine griechische Flagge steckte.

»Vater, hast du das Kartoffelpüree probiert? Doris hat es aus deiner Früherntegekocht.« Vassílis hielt ihm die Schüssel entgegen.

Aléx nahm sich einen Klecks davon. Ich sah, dass mein Sohn enttäuscht den Kopf zum Teller senkte und sich mit seinem Fleisch auseinandersetzte.

»Reich mir noch mal die Schüssel mit dem Püree herüber«, sagte mein Schwiegervater. Aléxandros' Kopf schoss hoch. Der Großvater bediente sich reichlich. »Was hast du denn da reingetan, dass es so herzhaft schmeckt?«, fragte er mich.

»Olivenöl und Salz, mehr nicht.«

Er forderte die anderen auf, sich davon zu bedienen.

»Wie heißt das, was du isst, Aléxandros?«, fragte er.

»Wiener Schnitzel.«

»Davon möchte ich auch.«

Mein Sohn legte ihm ein Schnitzel auf den Teller. »Du musst Zitrone drüber machen.«

Aléx kam seinem Rat nach. Und danach leerten sich die Platten zügig. Onkel, Tanten, Cousine, Cousin und die Freunde griffen emsig zu und lobten das Essen. Zum Abschluss gab es Schokoladenpudding mit Vanillesoße, zubereitet nach dem Rezept meiner Mutter.

Kurz darauf gingen wir zum traditionellen Eieranschlagen über. Ich brachte einen großen Korb mit rot gefärbten Eiern.

Aléx sah sie sich abwägend an.

»Mach, Pappoú, damit wir endlich anfangen können.« Aléxandros stupste den Großvater an.

»Ich will das Siegerei finden!«

Endlich hatte Aléx sich entschieden. Der Spaß konnte beginnen.

Fest hielt mein Sohn sein Ei in der Hand und ließ dem Opa beim Anklicken den Vorrang. Dessen Ei zeigte Risse in der Schale, somit schied er aus. Aléxandros ging zum Nächsten, um den Härtetest durchzuführen. Seins zerbrach bei Cousin Spíros.

Zu später Abendstunde löste sich die Gesellschaft auf. Aléxandros überreichte jedem eine Tüte mit Ostergebäck. Danach kam er in die Küche. Ich räumte gerade die Töpfe in den Schrank.

»Pappoús hat tüchtig reingehauen. Ha, die Wiener Schnitzel, das Kartoffelpüree und den Pudding hat er am meisten gelobt.« Aléxandros lachte auf, als er die Worte des Großvaters wiedergab: »Das bekomm ich auch ohne Zähne klein.«

»Und du hast befürchtet, er würde nichts davon essen«, erwiderte ich.

»Er hat erst zugegriffen, als Papa ihm sagte, das Püree wäre aus seinen Kartoffeln gemacht worden.«

»Da hast du recht!«

»Pappoús wird mir einen jungen Hund schenken.« Aléxandros' Augen strahlten. »Die Hündin von Großvaters Freund ist trächtig. Sobald die Kleinen geboren sind, darf ich mir einen Welpen aussuchen. Ich will einen Rüden, der soll Shak heißen.«

»Alles wieder in Ordnung zwischen euch?«, fragte Vassílis, der gerade hinzukam.

»Ich hab mit Pappoú über alles gesprochen.«

»Wann?«

»Als er sich mal kurz die Beine vertreten hat.«

»Und?«

»Pappoús meint, er sei zu alt, die Erinnerungen an den Krieg zu verdrängen. Sie haben sein Leben geprägt. Im ersten Moment ist er auf jeden böse, der in seiner Nähe Land erwirbt, auch auf die griechischen Käufer. Er befürchtet, dass er seine Ruhe verlieren könnte.«

»Und was ist mit dem Olivengrundstück?«, fragte ich.

»Wir haben ausgemacht, dass ich ihm die Hälfte der Ernte abgebe, weil er die Wasserrechnung bezahlt. Und er möchte, dass du am nächsten Sonntag Schnitzel und Püree für ihn kochst.« Aléxandros lachte erleichtert.

»Wie sagt der Grieche? Sigá, sigá. Also langsam, langsam. Alles braucht seine Zeit. Die Liebe geht halt durch den Magen. Die Speisen anderer Länder haben es gezeigt. Sogar dein Großvater konnte den leckeren fremden Gerichten nichts entgegensetzen.« Ich zwinkerte meinem Sohn zu und war erleichtert über den Ausgang der Geschichte.

Spinat-Teigtaschen

Für die Füllung

1 Kilo Spinat
3 Frühlingszwiebeln
Tasse fein geschnittene, in Essig eingelegte Oliven
½ Tasse gehackte Walnüsse
4 Tassen Olivenöl
Prise Kümmel
Salz
Pfeffer

Den Spinat putzen, waschen und in viel Wasser zehn Minuten aufkochen. Dann herausnehmen, abtropfen lassen. In der Zwischenzeit Zwiebeln klein schneiden. Dann den Spinat in eine tiefe Pfanne geben, gemeinsam mit den Zwiebeln 10 Minuten dünsten. Oliven, Walnüsse, Kümmel, Salz und Pfeffer zugeben. Abschmecken. Nach Belieben mit mehr Kümmel oder Pfeffer pikanter machen.

Für den Blätterteig

2 Tassen Mehl
4 Esslöffel Olivenöl
1 Tasse lauwarmes Wasser
Salz

Olivenöl, Salz, etwas Mehl und das lauwarme Wasser in den Mixer geben. Auf niedriger Stufe 10 Minuten verquirlen lassen und nach und nach das restliche Mehl dazugeben, indem man immer wieder die Konsistenz des Teiges prüft. Danach den Teig auf einer bemehlten Fläche ausrollen. In 7 cm breite und 30 cm lange Streifen schneiden. Der Länge nach etwas Füllung auf die Teigstreifen geben, schließen und wickeln, sodass sie kleine Spiralen formen. Es ergeben circa 20 Teigtaschen. Das Olivenöl erhitzen, die Spiralen darin goldbraun braten und warm servieren.

Kartoffelpüree mit Öl

FÜR 2 BIS 4 PERSONEN

1½ Kilo Kartoffeln
¾ Tasse Olivenöl
Salz, Pfeffer
nach Bedarf ¾ Tasse Milch

Kartoffeln schälen, gar kochen. Danach pürieren. Langsam das Öl nach und nach hinzugeben. Mit dem Schneebesen kräftig verrühren, bis es eine cremige Masse ist. Wenn nötig, mehr Olivenöl hinzugeben. Wer möchte, kann statt mehr Öl eine ¾ Tasse Milch hinzugeben. Würzen, abschmecken.

Brokkoli mit Öl-Zitronensoße *

ZUTATEN FÜR 2 BIS 4 PERSONEN

500 g Brokkoli
1 Zitrone
¼ Tasse Olivenöl
Salz, Pfeffer

Brokkoli waschen, mit einer Prise Salz gar kochen. Danach in einer Schüssel anrichten. Saft der Zitrone mit dem Olivenöl gut verrühren, dass es cremig wird. Gewürze hinzugeben, über das Gemüse schütten.

Wiener Schnitzel

ZUTATEN FÜR 4 PERSONEN

1 Kilo Kalbsfleisch (am Stück)
100 g Mehl
2 Eier
100 g Paniermehl

1 Tasse Olivenöl
1 Zitrone
Salz, Pfeffer

Kalbsfleisch in 5 cm dicke Scheiben schneiden. Frischhaltefolie drüberlegen, dann flach klopfen. Eier im tiefen Teller verrühren. Schnitzel gut würzen. Erst im Mehl, dann im Ei, danach im Paniermehl wenden. Öl erhitzen, die Schnitzel von jeder Seite circa 3 Minuten goldbraun braten. Zitrone vierteln und mit dem Fleisch servieren.

Schokopudding mit Vanillesoße

500 ml Milch
70 g Schokolade (zartbitter)
1 Esslöffel Kakaopulver
50 g Zucker
2 Esslöffel Speisestärke

Schokolade mit 300 ml Milch zum Kochen bringen. Rühren, bis sich die Schokolade aufgelöst hat. Restliche 200 ml Milch mit Kakaopulver, Zucker und Speisestärke mit dem Schneebesen verquirlen. Anschließend zur Schokoladenmilch geben und unter Rühren aufkochen lassen.

Vanillesoße

250 ml Milch
200 ml süße Sahne
1 Prise Salz
2 Vanilleschoten
80 g Zucker
5 Eigelb

Milch, Sahne, Salz, Vanilleschoten, Zucker aufkochen. Wenn die Milch kocht, Topf von der Platte nehmen. 2 Minuten ruhen lassen.

Eigelb aufschlagen und so lange unterrühren, bis eine sämige Vanillesoße entstanden ist.

Kalitsoúnia
(süßes Käseteilchen, traditionelles Ostergebäck)

FÜR CIRCA 40 STÜCK

1½ Kilo Mehl
1 Teetasse Olivenöl
1 Teetasse Zucker
2 Eier
1 Joghurt
4 Päckchen Vanillezucker
15 Zitronenblätter
1 Tasse weißer Sesam
2 Esslöffel frische Hefe

Die Hefe eine Stunde vor der Zubereitung von Kalitsoúnia in einer ½ Teetasse lauwarmes Wasser auflösen. Nach und nach die Hälfte Mehl zugeben und zu einem klebrigen Teig kneten. Den Teig mit einem Baumwolltuch abdecken, an einen warmen Ort stellen und aufgehen lassen. Zucker, Olivenöl, Eier, Joghurt in eine große Schüssel geben und mit der Hand gut vermischen. Den Teig, mit etwas lauwarmem Wasser verdünnt, zugeben. Das restliche Mehl mit Vanillezucker mischen. Zu dem Teig geben, mischen und zu einem weichen, nicht klebrigen Teig kneten. Mit einem Baumwolltuch bedecken und aufgehen lassen, bis der Teig sich in seiner Größe verdoppelt hat.

Für die Füllung

1 Kilo Misíthra (milder Schafskäse)
1 Ei
2 Esslöffel Zucker, 4 Esslöffel Honig
1 Teelöffel Zimt

Die Füllung zubereiten. Misíthra, Zucker, Honig, Ei und Zimt mischen. Den Teig in kleine Mengen aufteilen und daraus dünne Blätter ausrollen. Kreise mit 5 cm Durchmesser ausstechen und mit einem Esslöffel Misíthra füllen. Den Teig von allen vier Seiten falten, sodass die Misíthra völlig bedeckt ist und der Teig eine rechteckige Form hat. Die Kalitsoúnia ruhen und aufgehen lassen. Mit der Hilfe eines Pinsels mit Ei bestreichen und mit Sesam bestreuen. Im vorgewärmten Ofen bei 180 Grad 25 Minuten goldbraun backen. Auf einem großen Tablett anrichten und dazwischen mit Zitronenblättern dekorieren.

Paulchen Panther aus der Tüte

Es war wieder einer dieser Tage, an denen Vassílis sein Handy suchte. Seit gefühlten zwei Stunden lief er im Haus umher und kramte überall herum. Ich saß in Aléxandros' Zimmer am Computer und versuchte, einen Brief zu schreiben. Doch ständig unterbrach Vassílis mich mit seinem Rein- und Rauslaufen.

»Hast du es gefunden?« Warum fragte ich eigentlich? Die Antwort wusste ich doch im Voraus.

»Nein.« Vassílis stand im Türrahmen, drehte sich um und ging ins Bad.

Leider hatten wir in unserer Wohngegend keinen Empfang, sonst hätten wir es per Anruf orten können. So blieb nichts anderes übrig, als weiter zu suchen.

»Hast du im Auto nachgesehen?« Ich speicherte die letzte Zeile des Briefes ab und folgte meinem Liebsten.

»Da liegt es nicht. Auch nicht hier im Badezimmer. In meiner Hosentasche steckt es ebenfalls nicht. Aléxandros habe ich übers Festnetz angerufen, er hat es auch nicht gesehen.« Vassílis ging achselzuckend ins Schlafzimmer.

Diese Vergesslichkeit ... Wurde er langsam alt?

Solange er sein Handy nicht gefunden hatte, würde ich keine Ruhe zum Briefe schreiben bekommen. Also fing ich an, die Glasscheibe der Duschkabine zu reinigen. Ich hatte längst aufgehört, ihm ständig beim Suchen zu helfen, es brachte sowieso nichts.

In den letzten Jahren hatte er nacheinander verschiedene Handys besessen. Das erste hatte nach sieben Monaten beim Fischfang ein letztes Mal aufgezittert und einen kläglichen Ton von sich gegeben, bevor es in den Tiefen des Meeres versank. Es folgten andere Modelle seiner Gattung. Vassílis' Freunde meinten es gut und schenkten ihm ihre ausrangierten Typen. Keines blieb verschont von Vassílis' magischen Händen. Manche waren noch mit einer kleinen Antenne ausgestattet, diese brach, die Batterie streikte, die Lichtanzeige blinkte SOS, statt ihm bei Dunkelheit die Ziffern anzuzeigen. Eines Tages blieb die Flut der Mobiltelefone aus. Gemeinsam suchten wir nach einer Lösung. Ein neues Handy musste her. Wir entschlossen uns zu einem Vertrag.

Stolz hielt Vassílis seine Errungenschaft in den Händen. »Was dieses kleine blaue Ding alles kann!« Seine Augen strahlten.

»Pass auf, dass es nicht tauchen geht.« Ich zwickte ihn in den Arm.

»So etwas passiert nur ein Mal. Außerdem hat es eine wasserdichte Hülle, das ist wie ein Schwimmreifen.«

Es währte nicht lange, da machte das Handy bei einem Ausflug einen Kopfsprung vom Boot und soff beinahe ab. Vassílis rettete es mit dem Käscher aus den Tiefen und rieb liebevoll die Wassertropfen mit dem T-Shirt ab. »Es lebt noch!«

Ich lächelte ihm zu und hielt mich an der Reling fest. Es waren Wolken aufgezogen und das Boot schaukelte heftig. Ich war froh, als ich wieder festen Boden unter den Füßen hatte. Zu Hause baute Vassílis das Handy auseinander und trocknete es mit dem Fön. Es funktionierte.

Einige Wochen später kam der Tag, an dem ich begann, mir ernsthaft Sorgen um sein Erinnerungsvermögen zu machen. Hatte er unser romantisches Abendessen vergessen?

Aléxandros, gerade zehn geworden, schlief bei seinem Großvater. Vassílis' Lieblingsgericht, Ziege mit Zitronenkartoffeln, stand auf dem Tisch bereit. Der Duft der Zitronen entfaltete sich im gesamten Raum. Während ich aufgebracht die Tasten des Telefons drückte, hörte ich den Schlüssel im Schloss. Abrupt schob ich den Apparat beiseite und stand auf.

»Auch schon zu Hause?« Ich zündete die Kerzen an.

»Ich habe das Handy gesucht.« Vassílis setzte sich auf die Couch und grinste.

»Was ist daran lustig? Wollten wir uns heute nicht einen gemütlichen Abend machen?«

Statt sein Versäumnis einzugestehen, begann er, in einem fort zu lachen.

Ich stampfte mit dem Fuß auf.

Er schnappte nach Luft, rieb sich die Tränen vom Gesicht und sagte: »Ich war noch bei Anthí im Laden und habe Zigaretten gekauft.«

Was für eine fadenscheinige Ausrede!

»Liegt das Geschäft neuerdings am anderen Ende der Insel?«

Er ging nicht darauf ein und redete ruhig weiter: »Danach bin ich zu Dimítris – der saß in Geórgios' Taverne –, um ihm die Telefonnummer von einem Kapitän zu geben. Er wollte sie unbedingt haben. Dabei fiel mir auf ...«

»Das Handy ist weg.« Ich verdrehte die Augen.

»Lass mich doch erzählen. Ich habe es ja wieder!« Vassílis hielt es hoch und zeigte es mir von allen Seiten, als hätte ich es vorher nie zu Gesicht bekommen.

»Schönes blaues Handy!« Mein Busen bebte. »Können wir jetzt essen.«

»Warte! Ich bin zurück in den Laden, aber es lag nicht auf der Theke. Mit Anthís Handy habe ich meins angerufen. Es erklang der Freiton.«

»Schön. Dein Handy hat also nicht telefoniert?«

»Nein!« Treuherzig sah er mich an. »Also dachte ich, dass ich es auf dem Schiffsdeck vergessen hätte. Panajótis wollte gerade zum Fischen hinausfahren und brachte mich zum Boot. Über sein Telefon wählten wir meine Nummer, um den Liegeort des Handys auszumachen. Nichts tat sich. Panajótis setzte mich wieder an der Küste ab, fuhr dann auf Fischfang. Verdammter Mist, wo war das Handy?«

Gemütlich lehnte Vassílis sich zurück und tippte mit den Fingern auf den Tisch, als würde er von mir eine Antwort erwarten.

Konnte ich hellsehen? Nein!

»Vielleicht müsstest du mehr Knoblauch essen, soll die Gehirntätigkeit anregen, oder gehe endlich zu einem Arzt, der dir bei deinem Handysyndrom hilft!« Mit dem Fuß gab ich dem Stuhl einen Schubs. Er knallte gegen den Tisch, die Teller klirrten.

»Hör doch weiter zu und unterbrich mich nicht immer.« Er war nicht aus der Ruhe zu bringen.

»Willst du mir erzählen, es kommt noch besser?«

Vassílis nickte mir grienend zu. Es half ja nichts, ich setzte mich an den Tisch.

»Ich suchte wieder Anthís Laden auf. Mir war eingefallen, dass Suzette dort gewesen war, als ich bezahlte, und sie hat das gleiche Handy-Modell wie ich. Vielleicht hatte sie es versehentlich in ihre Tüte gepackt. Im Dorf hatte ich sie nicht ausmachen können. Dimítris kam herein. Er sagte mir, sie wäre gerade mit ihrem Moped losgefahren und auf dem Weg nach Hause.«

»Was für eine Anmache! Das war sicherlich Absicht, dass sie dein Handy eingesteckt hat. Sie hatte schon immer ein Auge auf dich geworfen!«

»Das ist doch jetzt egal. Ich bin zum Auto und ihr hinterher gefahren.«

»Wie romantisch!«

»Sei nicht so ironisch, du bringst mich ganz durcheinander. Auf der Hauptstraße holte ich Suzette ein. Ich gab ihr ein Zeichen. Sofort blieb sie stehen.«

»Ein Mann, ein Wort und eine Frau, die auf Anhieb hört.«

Wollte ich mir das wirklich länger anhören? Ich hatte Hunger, das Essen war längst abgekühlt. Besser die Ziege nochmals in den Ofen schieben, überlegte ich. Als ich aufstand, hielt Vassílis mich am Ärmel fest.

»Warte!«

Ich ließ mich wieder auf den Stuhl fallen.

»Also, ich stieg aus dem Auto, fragte: ›Suzette hast du mein Handy zufällig eingepackt? Es lag auf Anthís Ladentheke.‹ ›Ich? – Nein‹, sagte sie, total verpeilt. Sie suchte in ihren Jackentaschen, wurde fündig und reichte mir ein Handy. Meine Hoffnung schmolz dahin, denn es handelte sich nicht um meins, es fehlte der Kratzer auf der Rückseite. Mir kam eine Idee. Ich wählte meine Nummer und aus der am Lenkrad hängenden Tüte erklang meine Paulchen-Panther-Melodie.« Vassílis bekam erneut einen Lachkrampf.

»Kaum zu glauben«, moserte ich. Er nickte nur und hielt sich vor Lachen den Bauch. Ich wartete, bis er sich gefangen hatte.

»Aber jetzt kommt's! Ich hatte doch zuvor mit Anthís und Panajótis' Handy versucht, meins durch Anruf ausfindig zu machen. Nun, Suzette ging jedes Mal ans Handy aus der Tüte, aber zu spät, ich hatte bereits aufgelegt!«

Er prustete los und nun konnte auch ich mein Lachen nicht mehr unterdrücken.

»Wenn sie zuvor in die Tüte griff, warum suchte sie jetzt zuerst in ihrer Jackentasche? Das verstehe ich nicht.«

»Ist das so wichtig? Pass auf, sie stellte fest, dass auf dem Telefon ein Name in griechischen Buchstaben erschien. Du wirst es nicht glauben, sie hat gedacht, ihr Handy hätte sich selbstständig von französischer Sprache auf Griechisch umgestellt!«

Das war total absurd! Ich kippte fast vom Stuhl, als ich mir die Situation bildlich vorstellte.

»Sie hat Geórgios in der Taverne gebeten, da sie nicht griechisch lesen kann, ihr – eigentlich mein Handy – wieder auf Französisch umzustellen.«

»Bist du sicher, dass sie nix gemerkt hat? Hat sie die gleiche Melodie?« Ich griff nach einem Taschentuch und wischte mir die Tränen ab.

»Ich denke, es lag an den paar Gläschen Wein, die sie getrunken hatte. Suzette hätte kein Mofa mehr fahren dürfen. Naja, ist ihre Sache. Also bin ich zurück in die Taverne und habe Geórgios gebeten, mein Handy von der französischen in die griechische Sprache umzustellen.«

»Kann er denn französisch?«

»Nein. Wir haben das Handy seiner Schwester genommen, damit wir eins in griechischer Sprache hatten, vom selben Hersteller, und sind Schritt für Schritt durchs Menü gegangen.« Vassílis nahm mich in den Arm. »Bist du noch sauer auf mich, weil ich zu spät gekommen bin?«

Konnte ich ihm überhaupt böse sein? Ich hatte mich lange nicht mehr so köstlich amüsiert.

»Du und deine Handys.« Ich gab ihm einen Kuss.

»Es riecht gut, können wir jetzt endlich essen?«

Typisch Liebster, hatte ich gedacht und die Teller mit lauwarmen Essen aufgefüllt. Mein Magenknurren hatte mich vom Aufwärmen abgehalten.

»Wo ist meine Jeans, die ich gestern anhatte?«, rief Vassílis aus dem Schlafzimmer.

Ich schreckte aus meiner Erinnerung an Vassílis' wunderliche Handygeschichte hoch und antwortete: »In der Waschmaschine.«

»Was?«

Als er zu mir ins Bad stürmte, fragte ich mich, ob ich vergessen hatte, die Hosentaschen zu durchsuchen.

»Wie kann ich sie anhalten?« Wild drückte Vassílis alle Knöpfe.

»Warte.« Ich eilte zu ihm. »Du meinst, das Handy ist ...«

»Mach auf!«

Ich drehte das Programm auf Aus. Eine Chance, die Lauge ablaufen zu lassen, erhielt ich nicht. Die zwei Minuten Wartezeit, bis sich die Tür öffnen ließ, kamen mir ewig lang vor. Mein Liebster schaute gebückt durch die Glasscheibe, um das Handy auszumachen. Beim Klick riss er die Tür auf und setzte damit das Bad unter Wasser. Er zerrte die Kleidung heraus, bis er seine Jeans und darin das Handy fand. Dieses Mal blieb jeglicher Wiederbelebungsversuch erfolglos.

Olivenbrot

1 Kilo Mehl
2 Beutel trockene Hefe
½ Tasse Olivenöl
1 Zwiebel
1 Tasse schwarze Oliven – ohne Kerne
½ Teelöffel Salz
Sesamkörner

Hefe in einer Tasse mit lauwarmem Wasser auflösen. In eine tiefe Schüssel geben. 1 Tasse Mehl hinzugeben und zu einem Teig verarbeiten. Mit einem Tuch abdecken und ¼ Stunde ruhen lassen. Es sollten sich in der Zeit Bläschen bilden.

Salz, geriebene Zwiebel, Olivenöl, restliches Mehl und 2½ Tassen Wasser hinzufügen. Zu einem Teig verarbeiten. Klebt der Teig, dann mehr Mehl zufügen. Wenn der Teig weich und elastisch ist, die klein geschnittenen Oliven unterkneten. Teig danach 2 Stunden an einem warmen Ort ruhen lassen, bis er doppelt so groß ist.

In eine Brotform geben oder einen runden Laib formen oder eine Sonne aus kleinen Brötchen bilden. Mit wenig Wasser bestreichen. Danach den Sesam darüber streuen. Nochmals ruhen lassen, bis das Brot doppelt so groß ist. Im vorgeheizten Ofen bei mittlerer Hitze 45 bis 60 Minuten backen.

Taramosaláta (Fischrogensalat) *

FÜR 4 PERSONEN

100 g Fischrogen
3 kleine Kartoffeln
¾ Tasse Olivenöl
1 Zitrone
1 Knoblauchzehe
Pfeffer

Kartoffeln waschen, mit Schale gar kochen. Abkühlen lassen. Dann zerkleinern, dass es ein Püree ergibt.

Fischrogen, Püree, zerhackten Knoblauch in ein Rührgerät geben. Beim Rühren auf mittlerer Stufe langsam abwechselnd Olivenöl und Saft einer Zitrone zufügen, bis eine pürierte Masse entsteht. Mit Pfeffer abschmecken.

Ziege mit Zitronenkartoffeln im Ofen *

FÜR 4 PERSONEN

1½ bis 2 Kilo Ziege oder Lamm
Keule in parallele Scheiben geschnitten
2 Kilo Kartoffeln
1 bis 2 Zitronen,
Salz
¼ Liter Olivenöl

Das Fleisch waschen und darauf achten, dass durch das Zerkleinern die gebrochenen Knochenstücke entfernt werden. Danach reichlich salzen. Kartoffeln schälen, waschen, in zentimeterdicke Scheiben schneiden, salzen.

Fleisch und Kartoffeln in eine Auflaufform oder auf das Backblech legen.

Die Zitronen auspressen, zum Olivenöl geben und mit einer Gabel kräftig schlagen, bis eine Creme entsteht. Danach über das Fleisch und die Kartoffeln geben. Ofen auf 220 Grad einstellen, kurz vorheizen. Garzeit circa 2 bis 2½ Std.

Mit einem Löffel öfters den eigenen Saft über das Gericht geben. Lässt sich das Fleisch vom Knochen lösen, ist es gar und fertig zum Anrichten.

Karamellcreme

200 g Zucker
1 Prise Weinsteinsäure
4 Eier
500 ml Milch
1 Päckchen Vanillezucker
Butter zum Ausfetten

Die Hälfte des Zuckers mit Weinsteinsäure unter Zugabe einiger Tropfen Wasser in einer Pfanne schmelzen und so lange erhitzen, bis der Zucker mittelbraun karamellisiert ist. Auf den Böden von vier gut ausgefetteten Auflaufförmchen (oder Kaffeetassen) verteilen. Den restlichen Zucker zusammen mit den Eiern, mit lauwarmer Milch und dem Vanillezucker gut verquirlen. Danach in die Auflaufförmchen/Tassen geben. Im Wasserbad circa 1 Stunde garen. Die erkaltete Karamellspeise auf einen Teller stürzen.

Gericht des Tages

Der Gast verließ mein Büro. Diesen Raum hatte mein Chef im Clubhotel Delfíni angemietet. Der Hauptsitz der Autovermietung befand sich in fünfundvierzig Kilometer Entfernung.

Sofort griff ich zum Telefon. »Heute Abend wird es später.« Ich seufzte in den Hörer.

»Schon wieder, Doris?« Vassílis' Stimme klang alles andere als erfreut.

»Hochsaison! Die Touristen möchten Jeeps! Allein dafür habe ich sechs Reservierungen vorliegen. Aber ich habe nur vier Geländewagen zur Verfügung. Die fehlenden bringen mir meine Kollegen aus der Zentrale am Abend und ich muss sie zurückfahren, weil ich kein Auto frei habe, das ich ihnen mitgeben könnte.«

Das Rauschen des Meeres drang an mein Ohr. Vassílis war auf Fischfang.

»Kannst du die Gäste nicht auf einen anderen Tag vertrösten? Du arbeitest zu viel«, sagte er.

»Du weißt doch, Urlauber möchten alles sofort und am besten umsonst. Ich bereite in der Mittagspause das Abendessen vor und wärme es später auf. Einverstanden?«

»Mir bleibt ja nichts anderes übrig.«

»Hast du schon etwas gefangen?«

»Der Wind gestern hat das Meer ziemlich aufgewühlt. Ich bin gerade erst fertig mit dem Auslegen der Köder.«

»Mit holländischen Makrelen am Haken?«

»Lästere du ruhig, die haben uns so manchen Schwertfisch eingebracht.«

»Gut Fang!«

»Und du fahr vorsichtig!«

Ich legte den Hörer auf. Mein Blick fiel durch die Glastür auf das Werbeplakat in der Hotelhalle, das ich speziell für die Cluburlauber angefertigt hatte. Es zeigte einen Strand an der Ostküste. Allein das Poster lockte Kunden ins Büro. Meine ausgelegte Broschüre mit dem Titel *Erlebe das ursprüngliche Kreta* gab den Rest dazu. Dieses Angebot wurde zum Renner der Saison. Geschah mir recht! Zu viele Gäste fanden daran Gefallen, Überstunden häuften sich.

Zum Glück hatte ich für die Wäsche meine vollautomatische Bügelmaschine – den Wind von Kreta. Das Kochen bedeutete meistens eine Tortur. Die Veranda war zur Küche umgebaut worden, jedoch fehlten das Keramikdach und die Scheiben. Erst nach der Saison sollte alles fertiggestellt werden. Deshalb musste hin und wieder das Schlafzimmer als kühler Raum genutzt werden, damit das Gemüse nicht verdarb. Der Gedanke, bei vierzig Grad Mittagshitze in der kaum überdachten Küche zu stehen, überfiel mich mit Grauen. Als ich im Frühjahr der Autofirma zugesagt hatte, wusste ich nicht, dass ausgerechnet in der Hochsaison unser Haus voller Besucher sein würde. Die Familie! Mutter hatte die grandiose Idee gehabt, ihre vier Kinder zusammenzubringen und ließ es sich nicht nehmen mitzufliegen. Meine beiden jüngeren Schwestern und mein älterer Bruder waren das erste Mal auf der Insel. Vater blieb mit dem Rest der Familie in Deutschland und kümmerte sich um seine Enkel. Tagsüber lagen meine Geschwister mit Mutti am Strand und abends wurde ein typisch griechisches Gericht erwartet. Meine Mutter bestand darauf, dass es vitaminreich, kalorienarm und leicht verdaulich war.

Ich verließ das Büro und fuhr nach Hause. Andere legen für einen Saunatag etliche Euros hin, ich bekomme das kostenlos, dachte ich mit Galgenhumor.

Aléx hatte vergessen, die Zucchini zu ernten. Sie waren zu Monstern gewachsen. Hervorragend geeignet für Doris' Zucchini-Spezialität. Am Vorabend, als Vassílis mit Aléxandros auf Fischfang war, hatte ich das Gericht angekündigt und damit der Familie den Mund wässerig gemacht.

Zucchini passten bestens zur Wunschvorstellung meiner Mutter. Einhundert Gramm bestehen aus dreiundneunzig Gramm Wasser, der Rest teilt sich in verschiedene Vitamine auf. Ein überaus bekömmliches und leicht verdauliches Gemüse.

Dass die Zucchini frittiert wurden, verdrängte ich aus meinen Gedanken über gesundes Essen, ebenso den Schafskäse, der das Gericht abrundete.

»Leg die Zucchini bloß nicht in die Nähe von Tomaten oder Äpfeln, dann verderben sie leicht«, vernahm ich noch jetzt Muttis Stimme. Als ich mit dem frisch geernteten Gemüse nach Hause gekommen war, hatte sie angefangen zu dozieren: »Stellt euch vor, die Zucchini gehören zu den Kürbissen, stammen aus Europa und wurden im 17. Jahrhundert erstmals in Italien …«

Woher hat meine Mutter auf einmal dieses Wissen?, hatte ich gedacht und Bewunderung auf den Gesichtern meiner Geschwister bemerkt.

Ich schüttelte die Gedanken ab, schlüpfte flink in luftige Kleidung und setzte das Käppchen auf, damit ich keinen Sonnenstich bekam. Und los ging es.

Meine Katzen, die im Schatten der Mauer lagen, hoben im Zeitlupentempo den Kopf und blinzelten mir aus halb geöffneten Augen zu. Blitzartig fiel mir ein, dass ich auch für sie etwas kochen musste. Dosenfutter bekamen sie selten. Meine Mutter freute sich darüber. Ständig hatte sie mir am Telefon zu verstehen gegeben, dass es gesünder für die Tiere sei, wenn das Futter frisch zubereitet würde. Ob sie dem Gesundheitswahn verfallen war? Dabei tat ich es eher aus Kostengründen, bei der

Anzahl der Katzen, die unsere Futterstelle aufsuchten. Vom schwarzen, rötlichen oder weißen Kater über getigerte, gefleckte Katzen bis hin zu denen, die alle möglichen Fellfarben aufwiesen, war alles vorhanden und rund um die Uhr hungrig.

Die Zubereitung ging schnell vonstatten. Drei Päckchen Hähnchenleber und Reis in den Topf, ein Schuss Olivenöl – gut fürs Fell –, Wasser, und ab auf die Herdflamme. Erledigt! Vor sich hin köcheln konnte es von alleine. Schwieriger war es, das Gericht für die Familie zuzubereiten. Im Kühlschrank lagen Tomaten, Zwiebeln und Schafskäse zur Verarbeitung bereit. Die Zucchini, die nicht unter acht Grad gelagert werden sollten, holte ich aus dem angenehm kühlen Schlafzimmer und machte mich an die Arbeit.

Nach zwei Stunden war ich fix und fertig, mein Küchenkleid durchnässt, das Gesicht gerötet und ölig vom Frittieren. Töpfe, Pfannen und Kochbesteck lagen im Becken und durften gespült werden. Frauenpower! Abwaschen, aufräumen, duschen und wieder zurück ins Büro.

Noch aalten sich die Hotelbesucher am Strand und ich hatte Ruhe, mich einem kurzen Tagtraum hinzugeben. Wie glücklich wäre ich, wenn ich mich nicht mehr um die Hausarbeit zu kümmern bräuchte. Mein heimlichster Wunsch: ein Hausmann! Ich stellte mir vor, wie ich erschöpft von der Arbeit heim käme. Der Liebste würde mich an der Tür erwarten, mich auf seinen starken

Armen zum Rattanliegestuhl tragen, die müden Füße massieren und mir einen Vitamindrink reichen; der Tisch wäre gedeckt, das Essen frisch zubereitet ...

»Haben Sie für morgen noch einen Jeep?«

Vor Schreck wäre ich bald vom Stuhl gefallen.

»Ginge es auch übermorgen?« Ich setzte mein Verkaufslächeln auf.

»Nein! Die anderen fahren morgen und wir möchten auch nach Xerókampos an den einsamen Strand!«

Einsam wird der Strand morgen nicht mehr sein, dachte ich, sagte jedoch: »Ich frage im Hauptbüro nach.«

Weniger aufwendig wäre es, wenn alle zusammen in einem Kleinbus fahren würden. Genervt wählte ich die Nummer. Die hungrige, verwöhnte Familie würde noch länger auf mich warten müssen.

Drei weitere Jeeps standen vor der Tür. Meine Kollegen hatte ich nach Ágios Nikólaos zurückgebracht. Kurz vor neun und endlich Feierabend! Ich machte mich auf den Heimweg.

Nicht gerade langsam bog ich nach einer unübersichtlichen Kurve ab auf die unbeleuchtete Nebenstraße, die zu unserem Haus führte. Abrupt trat ich auf die Bremse und brachte den Wagen vor meinen Besuchern zum Stehen. Eine Schotterwolke wirbelte auf. Meine Mutter wedelte mit der Hand.

Ich kurbelte das Fenster herunter. »Wohin geht ihr?«

»Spaziergang ins Dorf. Aléxandros ist schon vorgeradelt. »Kommst du mit?«, fragte Mutter, während mein

Bruder und die beiden Schwestern mir zuwinkten und weitergingen.

»Habt ihr denn keinen Hunger?«

»Wir sind satt. Vassílis hat das Essen aufgewärmt. Er kümmert sich noch schnell um den Abwasch, dann kommt er nach.«

»Vassílis hat das Essen aufgewärmt und spült jetzt?« Hatte er einen Sonnenstich?

»Aber morgen kochst du uns deine Zucchini-Spezialität. Das wird gesünder sein als das heutige Gericht«, meinte Mutti.

Mir blieb die Antwort im Hals stecken.

»Geht's dir nicht gut?«

»Doch, doch. Viel Spaß im Dorf. Ich leg mich bald schlafen. Muss morgen früher raus, bin bis auf den letzten Wagen ausgebucht.«

»Na gut, ruh dich aus, Kind«, sagte Mutti und eilte meinen Geschwistern nach.

Ich trat aufs Gaspedal, machte nach zweihundert Metern eine Vollbremsung und sprang vom Sitz. Gespannt darauf, was mich erwartete, rannte ich den kleinen Hügel hoch und stand atemlos in der Küche.

»Da bist du ja endlich«, sagte mein Mann. »Komm, setz dich. Hast du Hunger?«

Ich ließ mich auf den Rattansessel fallen, streifte die Schuhe von den Füßen und starrte die Reste auf den Tellern an.

»Doris, du siehst ziemlich erledigt aus.« Vassílis räumte den Tisch ab. Ich fächerte mir Luft zu.

»Soll ich dir einen Orangensaft auspressen?« Er gab mir einen Kuss.

»Wieso geht mein Traum ausgerechnet heute in Erfüllung?«

»Wovon hast du denn geträumt?«

Ich winkte ab. »Vassílis, hast du die Katzen gefüttert?«

»Ja! Doch so ganz mochten sie es nicht.«

»Was haben sie zu fressen bekommen?«

Er sah mich erstaunt an. »Das weißt du doch. Die grün-weiß-rote Pampe.«

Ich schlug mir mit der Hand vor die Stirn und versank tiefer im Sessel.

»War ein harter Tag für dich. Musst du morgen wieder länger arbeiten?«

»Nicht nur das, sondern auch Hilfsfahrer suchen. Meine Kollegen haben am Abend keine Zeit, die Jeeps zurück in die Zentrale zu bringen. Dazu kommt, dass ich mittags ein weiteres Mal Doris' Zucchini Spezialität kochen darf.«

»Hattest du es zuvor mal gekocht?«

Ja, heute!

Doch ich brachte es nicht über die Lippen. Abgesehen davon, erwartete er keine Antwort von mir und sprach weiter: »Das freut mich, dass deine Familie Zucchini mag. Ich kann dir ja morgen wieder helfen, auch bei den Jeeps.«

Ich ließ meinen Tränen freien Lauf.

»Sind das Freudentränen, weil ich dir die Arbeit abgenommen habe? War übrigens lecker, was du für uns gekocht hast. Leber! Ein neues Rezept?« Vassílis setzte sich neben mich.

Ach, wenn du wüsstest! Ich schmiegte mich an seine Brust.

Eingelegte Paprikaschoten *

1 Kilo rote Paprikaschoten (schmale)
1 Esslöffel schwarze Pfefferkörner
1 Teelöffel Salz
1 Tasse Olivenöl
2 Lorbeerblätter
3 Knoblauchzehen
½ Tasse Essig

Paprikaschoten waschen, Kerne entfernen. 15 Minuten unterm Grill grillieren, bis sich die Haut leicht löst. Kalt stellen, dann Haut abziehen. In einer kleinen Pfanne Pfefferkörner, Essig, Knoblauchzehen, Salz und Lorbeerblätter 5 Minuten köcheln lassen. Durchs Sieb laufen lassen und abkühlen lassen. Paprikaschoten in ein Glas geben, Essig einfüllen und mit Öl auffüllen, bis Paprikaschoten bedeckt sind. Glas gut verschließen und im Kühlschrank 2 Wochen lagern. Dann Servieren.

Doris' Zucchini Spezialität

FÜR 4 PERSONEN

8 bis 10 Zucchini
2 Kilo sonnengereifte, saftige Tomaten
(oder 2 Dosen Tomatenstückchen)
500 g Schafskäse
3 Knoblauchzehen
1 mittelgroße Zwiebel
¼ bis ½ Liter Olivenöl
1 Teelöffel Salz
1 Auflaufform

Die Zucchini reinigen, dabei die Endstücke abschneiden, halbieren. Mit einem Teelöffel das Innere herausnehmen, in einer Schüssel zur Seite stellen.

Die Tomaten waschen, halbieren und mittels einer Handreibe entsaften. Haut der Tomaten wird nicht benötigt. In einer tiefen Pfanne fünf Esslöffel Olivenöl erhitzen, die Zwiebel und die Knoblauchzehen über die Reibe ins Öl raspeln.

Wenn der Knoblauch angebräunt ist, das Innere der Zucchini und den Saft der Tomaten hinzugeben. Salzen, umrühren und zugedeckt 20 Minuten auf kleiner Stufe kochen. In der Zwischenzeit restliches Olivenöl in einer Pfanne erhitzen, die Außenseite der Zucchini salzen, dann braun frittieren. Auf einem Rost abtropfen lassen, danach in eine Auflaufform geben.

Den Schafskäse zerbröckeln und zu der Zucchini-Tomatenmasse geben, fünf Minuten köcheln lassen und über die frittierten Zucchini verteilen.

Im Backofen bei 200 bis 220 Grad dreißig Minuten überbacken.

In unserem kretischen Haushalt wird hauptsächlich nur Salz zum Würzen verwendet, weil die Zutaten ihr eigenes Aroma abgeben. Sie können natürlich mit Pfeffer, Muskat und anderen Gewürzen das Gericht verfeinern.

Und wenn Sie nachvollziehen möchten, wie Doris sich beim Kochen gefühlt hat, bereiten Sie das Gericht in der Sauna zu.

Fruchtsalat

FÜR 4 PERSONEN:

2 Apfelsinen
2 Äpfel
1 Birne
1 Kiwi
100 g Weintrauben
100 g Rosinen
50 g grob gehackte Walnusskerne
½ Zitrone
bei Bedarf Zucker

Apfelsinen, Kiwi schälen. Äpfel, Birne, Weintrauben abwaschen. Gesamtes Obst in kleine Stücke schneiden. In eine Schüssel geben. Walnusskerne und Rosinen hinzugeben. Vermengen. Saft einer halben Zitrone unterrühren. Bei Bedarf mit Zucker abschmecken. 2 Stunden vor dem Servieren kühl stellen.

Arbeitslos im Süden

Verschlafen!

Dabei hatte ich genug in den frühen Morgenstunden zu erledigen. Im Frühjahr hatten wir uns Hühner und Ziegen angeschafft und dafür Ställe im Garten unter den Olivenbäumen errichtet. Daneben lag unser Gemüsegarten.

»Beeil dich, Doris!«, rief Vassílis, der gerade vom Nachtfischfang zurückgekommen war.

Keine Zeit mehr, den Garten länger zu bewässern. Im Laufschritt eilte ich die kleine Anhöhe hoch, wo sich der Wasserverteiler befand, und drehte den Hahn zu. Im gleichen Tempo zurück und ins Haus.

»Spring unter die Dusche. Ich fahre dich ins Hotel.« Vassílis reichte mir aus dem Schlafzimmerschrank ein frisches Handtuch.

»Könntest du die Katzen füttern? Ich hab es auch noch nicht geschafft, die Wasserkübel für die Ziegen aufzufüllen.«

»Mach ich, wenn ich zurückkomme.«

»Aléxandros ist heute ohne zu frühstücken in die Schule. Er hat sich die übrig gebliebenen Käsetaschen von gestern eingesteckt.«

»Glaub mal nicht, dass er damit unglücklich ist. Schließlich sind die Dinger seine Leib- und Magenspeise. Die könntest du täglich auf den Tisch bringen.«

Ich zog mich aus, stieg unter die Dusche und streckte das Gesicht dem kühlen Strahl entgegen. Kurzerhand schlichen sich trübe Gedanken ein.

Diese ständige Hetze während der Saison, in der ich wieder bei der Autovermietung arbeitete. Im Morgengrauen aufstehen, den über dreitausend Quadratmeter großen Olivenhain und Garten bewässern, Unkraut zupfen, Gemüse ernten, Ziegen melken, Hühner füttern, für den Sohn Frühstück machen und die Katzenfamilie mit Hühnchenleber versorgen. Ab ins Büro, mittags nach Hause spurten, Essen kochen, putzen, Wäscheberge bewältigen. Zwischendurch Hausaufgaben mit Aléxandros. Zurück ins Hotel, den Gästen Autos vermieten, Touren besprechen. Abends mit den Freunden zusammensitzen, kochen, spülen, Streicheleinheiten für die Katzen und erschöpft ins Bett, die Nacht war kurz.

Und wo blieb Zeit für mich selbst?

Da lebte ich im Süden und genoss nicht einen einzigen Tag die Sonne, das Meer und den weißen Sandstrand. Leider lag dieser zwanzig Minuten Autofahrt von uns entfernt. Oft war ich zu müde, um mich dazu aufzuraffen. Darum erfrischte ich mich nur hin und wieder in den Wasserbecken am Steinstrand. Gemeinsam mit den Nachbarn, die sich dort zur Abenddämmerung einfanden und plauderten.

Unter dem Wasserstrahl schüttelte ich den Kopf, als könnte ich so meine Grübelei vertreiben.

Und dann passierte es.

»Arbeitslos?«, hörte ich Natalie, meine langjährige Freundin aufgeregt in den Telefonhörer rufen. Vor einigen Monaten war sie mit ihrem Ehemann Jánnis von Köln nach Kalamáta, aufs griechische Festland, gezogen.

»Du hast richtig verstanden.«

»Warum? Wie und wovon wollt ihr leben? Ihr seid auf dein Gehalt angewiesen.«

»Das Hotel ist an einen neuen Urlaubsanbieter verpachtet worden. Sie bevorzugen französisch sprechendes Personal.«

»Du musst sofort einen Lehrgang machen«, fiel Natalie mir ins Wort.

»Ich bin kein Sprachenmensch, das weißt du doch, sonst könnte ich nach all den Jahren perfekt griechisch.«

»Wirst du während der Sommersaison wenigstens eine Stelle bei deiner Autovermietung in Àgios Nikólaos bekommen?«

»Nein.«

»Sie können dich doch nicht einfach entlassen.«

»Die sind besetzt. Abgesehen davon, würde es sich für mich nicht rechnen.«

»Bitte? Jeder Cent zählt!«

Ich konnte mir Natalies entsetzten Gesichtsausdruck bildlich vorstellen. Sie hatte gut reden; Jánnis lehnte es ab, dass sie irgendeiner Beschäftigung nachging. Seit dem Umzug musste Natalie sich nur um den Haushalt kümmern. Mir selbst wäre das zu langweilig, ich brauchte eine Aufgabe.

»Sie zahlen sechshundertfünfzig Euro im Monat, davon geht über die Hälfte für Benzin drauf, weil täglich einhundert Kilometer zurückgelegt werden müssen.«

»Dann bleiben dir immerhin rund dreihundert.«

»Toll, für einen Monat Arbeit mit acht bis vierzehn Stunden täglich und zusätzlich zwei Stunden Fahrzeit!«

Für einen Augenblick wurde es still in der Leitung.

»Bist du noch da, Natalie?«

»Ja. Ich weiß nicht, was ich dir raten soll. Ich hoffe, du findest noch eine Anstellung in eurer Nähe. Bekommst du wenigstens im Winter Überbrückungsgeld?«

»Nein, mir fehlen knapp drei Wochen. Du musst zwei volle Sommer durchgearbeitet haben, damit du dreihundert Euro erhältst.«

»So ein Mist! Wie soll es jetzt weitergehen?«

Ich schwieg einen Moment. »Mir wird schon etwas einfallen«, sagte ich schließlich. »Hör mal, ich möchte dir gerne etwas Erfreuliches erzählen.«

»Da bin ich gespannt.«

»Wir haben seit ein paar Tagen neun Katzenbabys.«

»Ihr habt was? Sag mal, Doris, das ist jetzt nicht dein Ernst, oder?«

»Die beiden Mütter haben sie in einer Kiste auf der Terrasse zur Welt gebracht. Du kannst dir nicht vorstellen, wie süß die sind.«

»Lass gut sein, Doris. Ich muss jetzt erst mal verdauen, dass du keinen Job mehr hast. Es hat an der Tür geklingelt, wir reden ein anderes Mal darüber. Versprochen.«

Ich legte den Hörer auf und ging in den Garten. Dort ließ ich mich im Schatten eines Olivenbaumes nieder. Mein Blick streifte über das Grundstück. Drei unserer Katzen spielten in der Ferne Verstecken, rund um ein vertrocknetes Grasbüschel. Mit allen Vieren sprangen sie hoch, tauchten wieder unter und legten sich erneut auf die Lauer, um sich gegenseitig zu erschrecken. Ich lächelte, obwohl mir immer wieder die gleichen Worte durch den Kopf gingen.

Arbeitslos, arbeitslos! Wie sollten wir bloß im nächsten Monat die Rechnungen bezahlen? Vom Fischfang allein konnten wir nicht leben.

Die Saison hatte angefangen; es war schwierig, jetzt noch im Dorf eine Anstellung zu finden.

Und wenn wir in die Stadt zögen? Aléxandros in eine neue Schule ...? Aber was würde aus den Ziegen, Hühnern und der Futterstelle für die Katzen? Und die jüngst geborenen? Sie waren mir bereits ans Herz gewachsen und ich erfreute mich ständig aufs Neue an ihrem Anblick. Ich konnte sie nicht weggeben. Und in der Stadt müssten wir auf unser frisch geerntetes Gemüse verzichten. Es musste eine andere Lösung geben. Ich legte meinen Kopf an den Baumstamm, schloss die Augen, schob die Existenzängste von mir und dachte daran, wie viel mehr Zeit ich für meine Familie und die Tiere hätte.

Der Sommer, der Herbst gingen und danach ein gestrenger Winter. Im Frühjahr, zur Osterzeit, besuchte mich Natalie. Endlich konnte ich mit ihr persönlich über meine neue Einnahmequelle sprechen.

Ich hatte uns gebackene Banane zubereitet und gab den Honig darüber.

»Toll hast du das mit deiner Arbeitslosigkeit geregelt!«

In ihren Augen las ich, dass sie stolz auf mich war. Das tat mir gut, denn leicht waren mir die vergangenen elf Monate nicht gefallen. Ich stand auf, ging zum Schrank und holte die Kladde heraus, in der ich über meine Einnahmen Buch führte.

»Schau es dir an«, sagte ich. »Wir kommen ganz gut damit zurecht.«

Natalie warf einen Blick auf die Zahlen. »Macht es dir Spaß?«, fragte sie.

»Habe ich sonst neben meinem Job etwas anderes getan?«

In den Jahren zuvor hatte ich bei guter Ernte ausgiebig davon an die Nachbarn verschenkt. Nun war das Gemüse zu unserer Nebeneinnahmequelle geworden. Ich stand um fünf Uhr auf. Ging die Ziegen melken, suchte im Hühnerstall die Eier zusammen, fütterte die Tiere, bewässerte den Garten und erntete das Gemüse. Je nach Jahreszeit sammelte ich Kräuter, die fast vor der Haustür oder im Garten wild wuchsen. Trocknete Salbei, Rosmarin, Thymian, Oregano und legte Kapern in Essig ein. Das winterliche Wildgemüse aus den Bergen und nach dem Regen Schnecken und Pilze waren bei meinen Kunden gefragt. Dienstags, mittwochs und samstags fuhr ich auf den Markt nach Àgios Nikoláos, Ierápetra oder Sitía und verkaufte an meinem Stand Ziegenmilch, selbst gemachten Käse, Kräuter und Gemüse. Inzwischen konnte ich bereits Stammkunden vorweisen. Nach der Olivenernte hatte ich zusätzlich eingelegte Oliven und Öl angeboten. Trotz der vielen Arbeit blieb mir mehr Zeit für meine Familie. Sogar im Sommer war ich zum Sandstrand gefahren und hatte mich auf den Wellen treiben lassen. Das Haus voller Gäste machte mir weniger aus als zuvor. Ich fühlte mich ausgeglichener.

»Ich war entsetzt«, gab Natalie zu, »als ich hörte, dass du deinen Job verloren hast. Kurz danach habe ich im *Spiegel* einen Kommentar gelesen, dass Arbeitslosigkeit zum Beispiel in Deutschland mit sozialem und menschlichem Abstieg verbunden ist. Ohne Kohle bist du nichts. In anderen Ländern wären die Menschen oft viel ärmer, doch sie hätten etwas Wesentliches: Fantasie und Überlebenswillen. Nun, daran hat es dir nicht gefehlt.«

»Danke für die Blumen. Soll ich dir mein Geheimnis verraten, womit ich mich in meiner Freizeit beschäftige?«

»Erzähl!«

»Ich erfülle mir einen Kindheitstraum und schreibe Geschichten nieder.«

»Das freut mich. Du konntest schon immer gut Märchen erzählen. Worüber schreibst du?«

»Über Land und Leute. Und von meinem Leben auf der Insel.«

»Wirklich?«

»Ja, und jede Kurzgeschichte hat im Anhang ein Rezept.«

»Naja, kochen ist ja dein liebstes Hobby. Toll! Doris, du überraschst mich.« Sie kam zu mir herüber und drückte mich überschwänglich an sich.

»He, lass mir Luft!« Lachend befreite ich mich.

»Du musst auch über unsere Freundschaft schreiben.«

»Hab ich schon.«

»Wann bekomme ich etwas zu lesen?«

»Bald.«

»Was sagt deine Familie dazu?«

»Du bist die Erste, die es nun weiß.« Kurzerhand wechselte ich das Thema. »Lust auf einen Spaziergang durch meinen Garten bis hin zum Meer?« Ich marschierte los. Beim Hinausgehen hielt ich inne. »Wieso ist mir nicht früher eingefallen, mit dem Gemüse Geld zu verdienen?«

»Besser jetzt als nie.« Natalie lächelte mir zu. »Und was bringst du heute auf den Tisch?«

»Ich habe in der Früh Zucchini, Aubergine und Paprika geerntet. Magst du *Briám*?«

»Gemüsepfanne, lecker! Nur ...« Sie sah mich spitzbübisch von der Seite an.

»Nur was?«

»Wenn du mich schon mit deinen Kochkünsten verwöhnst, dann bitte zaubere als Vorspeise *Tiropitákia*.«

Ich machte kehrt. »Ach, so ist das mit mehr Freizeit für mich.« Ich stieß meine Freundin leicht in die Rippen.

»Ich helfe dir«, gelobte sie.

Der Spaziergang fiel aus. Käsetaschen brauchten eine längere Vorbereitungszeit, die ich gerne in Anspruch nahm. Und ich war mir sicher, dass sich Aléxandros am meisten darüber freuen würde. Ganz besonders wegen dem Schafskäse, der sich im Teiginneren ausbreitete.

Natalie setzte sich mir gegenüber an den Küchentisch, sah mir beim Teigen zu und meinte: »Kann ich in der Zwischenzeit etwas von dir lesen?«

»Ist dir langweilig?«, fragte ich mit mehlverschmierten Händen.

»Eigentlich nicht, warum?«

»Wolltest du nicht helfen?«

»Du kannst das eh besser. Gib mir lieber eine deiner Geschichten. Du kennst mich doch, ich bin neugierig.«

Ich wischte mir die Finger ab, ging ins Wohnzimmer und kam mit einem Ordner zurück. Natalie schlug ihn auf und vertiefte sich sofort in die Zeilen.

Eine Zeit lang war es still zwischen uns beiden, bis Natalie auf einmal sagte: »Nee jetzt, das ist nicht wahr, oder?«

»Was?«, fragte ich, während ich den Teig mit Käse füllte.

»Meine Güte, hast du eine tolle Fantasie. Die Geschichte mit dem Handy, das Suzette versehentlich eingesteckt hat, ist doch nicht wirklich passiert, oder?«

Ich verdrehte die Augen mit einem Schmunzeln auf den Lippen.

»Du veräppelst mich.«

»Nein.« Beide brachen wir in schallendes Gelächter aus.

Bald würde die neue Saison beginnen. Aber statt mein Büro im Hotel auszustatten, konnte ich mir nun genügend Zeit für meine Freundin nehmen. Somit hatte die Arbeitslosigkeit in vielen Dingen Gutes gebracht. Ich freute mich auf den Sommer, wenn Natalie gemeinsam mit Jánnis ihren gesamten Urlaub bei uns verbringen würde.

Tiropitákia (Käsetaschen aus dem Ofen)

Für die Füllung

1 Kilo Schafskäse
2 Eier
1 Esslöffel Zucker
1 Teelöffel Zimt

Schafskäse, Eier, Zucker und Zimt mischen.

Für die Taschen

FÜR 10 PERSONEN

6 Eier
1 Tasse Milch
1 Tasse Butter
½ Teelöffel Ammoniak
1 Esslöffel Backpulver
1 Esslöffel Zucker
750 g Mehl, Salz

In einer tiefen Schüssel Mehl, Salz, Backpulver geben. In der Mitte eine Mulde formen. Ammoniak in lauwarmer Milch auflösen. Eier, Butter, Ammoniakmilch hinzugeben. Den Teig langsam kneten, bis er gleichförmig und hart wird. Danach Teig mit einem Tuch abdecken und 30 Minuten ruhen lassen.

Den Teig in zehn kleine Kugeln aufteilen. Jede Kugel zu einem Blatt ausrollen. Mit einem Unterteller Kreise ausstechen. Mittig Schafskäse legen und halbmondartig zusammenklappen. Blech mit Butter ausstreichen. Die Tiropitákia drauflegen. Die Oberfläche mit verquirltem Ei bestreichen. Bei 180 Grad 45 Minuten backen. Warm servieren.

Briám (Gemüsepfanne) *

FÜR 2 PERSONEN

2 rote Paprika
2 grüne Paprika
1 mittelgroße Aubergine
1 mittelgroße Zucchini
3 mittelgroße Zwiebeln
4 Knoblauchzehen
500 g sonnengereifte Tomaten oder 1 Dose gehackte Tomaten
Prise Salz
½ Tasse Olivenöl

Zwiebeln klein schneiden, im Olivenöl goldbraun dünsten. Knoblauchzehen klein gehackt hinzugeben, kurz mit anbraten. Unterdessen Gemüse waschen und in Stücke schneiden. Zu den Zwiebeln/Knoblauch geben, salzen und circa 5 Minuten unter ständigem Rühren köcheln lassen. Tomaten waschen, in kleine Stücke schneiden (oder Tomaten aus der Dose) und unterrühren. Auf kleiner Stufe weiterkochen, bis die Tomaten zerkocht sind und eine Soße abgeben.

Wenn persönlich weitere Gewürze erwünscht sind, bitte hinzufügen: Basilikum, Oregano, Pfeffer.

Dieses Gericht kann wie folgt erweitert werden mit:

- scharfen Pepperoni (Anzahl nach Geschmack) und Pilzen (250 g), die mit den Zwieblen angebraten werden, und einem Schuss Basilikumessig zum Ablöschen.
- oder mit klein geschnittenem Schafkäse (200 g), überbacken.
- oder mit frittierten Kartoffeln (4 mittelgroße Kartoffeln in runde Scheiben geschnitten, in Öl goldbraun gebraten), die dann zuerst auf dem Teller angerichtet werden und das Briám (Gemüsepfanne) darüber, sodass die Kartoffeln die Soße aufnehmen.

- oder: Das Briám kann mit Reis (ein Beutel) gegessen werden.
- Sogar mit Nudeln habe ich es ausprobiert – bei Gluten-Unverträglichkeit: Reis oder Maisnudeln.
- Es kann sogar weiteres Gemüse verwendet werden, das aber nicht zum eigentlichen Rezept gehört wie z. B. Brokkoli, Blumenkohl, grüne Bohnen, weiße Bohnen, Kidneybohnen.

Lassen Sie Ihrer Kochfantasie freien Lauf.

Gebratene Banane mit Honig

FÜR 2 PERSONEN

2 Bananen
2 Esslöffel Mehl
2 Esslöffel Olivenöl
Honig nach Belieben

Banane schälen, halbieren. Im Mehl wenden und im heißen Olivenöl kurz anbraten. Honig drüberträufeln. Heiß servieren.

Ausflug nach Vái

Die Sonne strahlte grell, die Temperatur war bereits auf dreißig Grad angestiegen. Perfekte Voraussetzung für einen Ausflug im offenen Jeep. Vassílis hielt den Wagen vor dem Sommerhäuschen unserer Freunde an und stieg aus. Ich folgte ihm. Sogleich kam Natalie auf uns zugelaufen, beladen mit Badetasche und Handtüchern. Kurz darauf erschien Jánnis. Als meine Freundin ihn erblickte, wurde sie schlagartig rot im Gesicht.

Sie rannte zu ihm und schrie: »Du nimmst das Ding nicht mit auf den Ausflug! Das kommt einen Tag ohne dich aus.«

Ihr Mann schlug einen Haken um sie und verstaute das Modellsegelboot im Auto.

Natalie zog es hinter dem Rücksitz hervor, doch Jánnis nahm ihr das Boot aus den Händen.

»Natürlich kommt meine Dáfni mit! Wir fahren nach Vái. Der Strand soll bekanntlich der schönste auf der Insel sein. Den will die Dáfni sehen.«

»Aber im Jeep ist hinter den Rücksitzen gerade genug Platz für die Badetaschen und den Proviant«, mischte ich mich ins Gespräch ein.

»Ich fahre nicht ohne meine Dáfni! Nehmt die Kühltasche heraus. Da gibt es bestimmt eine Taverne. Was meinst du, Vassílis?« Jánnis drehte sich zu seinem Freund um.

»Also ...«

»Halt dich da besser raus. Es gibt keinen Platz für die Dáfni und basta«, bestimmte Natalie und schob ihren Ehemann ein Stück vom Auto weg.

»Ich sitze hinten, also werde ich sie auf meinen Schoß nehmen.«

Die Taschen und die Kühlbox wurden verstaut, die Männer platzierten sich auf die Rücksitze. Das kleine Schiff thronte auf Jánnis' Schoß. Es konnte losgehen. Unsere Liebsten diskutierten über die Wetterverhältnisse und darüber, wie das Bötchen im leichten Wind segeln würde.

Ich konzentrierte mich auf die Straße, wich einigen Schlaglöchern aus.

»Sag mal, Doris, wie gefällt es Aléxandros bei den Großeltern in Köln?«, fragte Natalie auf einmal. Sie hatte sich wieder beruhigt.

»Erstaunlich gut. Vor dem Flug war er ziemlich aufgeregt. Doch nun möchte er am liebsten die gesamten Ferien dort verbringen. Wir überlegen, sein Ticket zu verlängern. Obwohl mir knapp drei Monate ohne ihn schwer fallen. Er hat nicht einmal Zeit, mit mir zu telefonieren.«

»Rufst du oft an?«

»Drei Mal am Tag. Ich will wissen, ob meine Eltern mit ihm zurechtkommen. Ein pubertierender Teenager ist nicht immer leicht zu handhaben.«

»Vermisst ihn wohl sehr.«

Ich atmete tief durch und biss mir auf die Lippe, damit die Tränen nicht hochkamen. Natalie beließ es dabei und sah sich die Gegend an.

Wir fuhren über die Berge, Richtung Sitía. Eine kurvenreiche Strecke, an vereinzelten Bergdörfern entlang. Zu beiden Seiten säumten rosa und weiß blühende Oleanderbüsche den Straßenrand. Wir überholten eine ältere Frau, die ihren Esel führte, der mit dünnen Ästen beladen war. In einem abgeholzten Olivenhain wurde an einer Brücke gebaut. Die Arbeiter hatten ihre Oberkörper frei gemacht und Natalie stieß mich an, um meine Aufmerksamkeit auf einen wahren Àdonis zu lenken. Unsere Männer bekamen davon nichts mit. Sie redeten gerade darüber, ob es nicht besser gewesen wäre, wenn sie den Wetterbericht für die Ostküste abgefragt hätten. Nun blieb ihnen nichts anderes übrig, als abzuwarten, ob eine Flaute oder heftiger Wind die Dáfni erwartete.

Oft musste ich langsamer fahren, weil es eng wurde, wenn uns ein Bus oder Lastwagen entgegenkam. Nach einer dreiviertel Stunde Fahrt erreichten wir den Fischereihafen von Sitía.

»Halt doch mal!«, rief Jánnis von hinten.

»Nach Vái ist es noch ein ganzes Stück zu fahren.«

Natalie drehte sich zu ihm um, während ich den Jeep an den Straßenrand lenkte.

»Aber hier kann meine Dáfni ins Wasser und zwischen all den Booten segeln.« Jánnis stand auf, setzte einen Fuß auf den Reifen und stieg hinunter. »Natalie, hol du den Fotoapparat aus der Tasche und komm mit!«

»Sonst noch etwas?« Sie stieß wütend die Beifahrertür auf.

Vassílis lief unseren Freunden hinterher. Ich parkte den Wagen näher an den Bordstein und folgte ihnen. Als ich sie erreichte, hatte Jánnis seine Dáfni schon zu Wasser gelassen. Er stand am Hafenbecken und steuerte das Boot im Kreis.

»Schau mal, wie die Dáfni sich über die Abkühlung freut! Was mich betrifft, wäre ich einem kühlen Weißwein nicht abgeneigt.« Er warf Natalie von der Seite einen schelmischen Blick zu.

»Erstens ist es viel zu früh für Alkohol und zweitens zu heiß«, meinte sie prompt und sprach weiter: »Wir wollten zum Palmenstrand, vergessen?«

Darauf ging Jánnis erst gar nicht ein. »Schau dich zu der Taverne um! Wie bei uns in Kalamáta.«

Natalie wandte den Blick vom Meer zur Gaststätte.

»Siehst du, da sitzen die Fischer und trinken Wein und essen einen kleinen Happen dazu.«

»Hast du Hunger, Jánnis?«, fragte Vassílis.

»Immer.«

Unzählige Fischerboote lagen im Hafen vor Anker und

schaukelten leicht im Meer. Jánnis schritt auf eine der zahlreichen Promenadentavernen zu, die nur zehn Meter vom Becken entfernt lag, sodass er von dort aus seine Dáfni im Blick behalten konnte. In der Zwischenzeit hatten sich weitere Fischer eingefunden. Sie saßen auf handgeflochtenen Holzstühlen unter einem mit Bambus gedeckten Dach und besprachen ihren Tagesfang. Auf den Tisch, dessen Farbe längst von der Sonne ausgebleicht war, stellte der Keller gerade eine Weinkaraffe. Jánnis grüßte freundlich. Genaustens achtete er darauf, dass nicht eine der meterhohen Palmen, die auf dem Weg zur Gaststätte zwischen den Steinplatten eingepflanzt waren, den Empfang zur Fernsteuerung und dem Boot behinderte. Wir warteten geduldig, bis er endlich den passenden Platz fand. Kurz darauf drehte die Dáfni ihre Runden um die Fischerboote. Begeistert sah Vassílis dabei zu.

Die Fischer kamen schnell mit Jánnis ins Gespräch. Wahrscheinlich hatten sie noch nie ein solches Bötchen zu Gesicht bekommen, geschweige denn einen erwachsenen Mann damit spielen sehen. Unermüdlich beantwortete Jánnis ihre Fragen zum Segelboot und erzählte, dass er früher in Deutschland damit Wettbewerbe gefahren sei. Auf einmal saßen wir nicht mehr alleine, sondern aus unserer Vierergruppe war eine große Gesellschaft geworden. Natalie und ich mitten zwischen all den Männern. Teller um Teller wurden kleine Speisen aufgetragen, die Weinkaraffen ständig nachgefüllt.

Beim Anblick der *Mesédes* lief mir das Wasser im

Mund zusammen. Ich liebte die kretischen Vorspeisen. Mit den gefüllten Weinblättern fing ich an, die mit einer guten Prise Kümmel lauwarm serviert wurden. Das Gewürz mundete mir nicht besonders. In meiner Küche bereitete ich die Speise immer ohne zu. Damit die *Dolmádes* eher nach Knoblauch schmeckten, tauchte ich sie ins cremige Zazíki. Beim frischen Thunfischsalat griff ich öfter zu. Er war leicht mit Mayonnaise angemacht und schmeckte nach einem Hauch von Zitrone.

»Wollten wir nicht nach Vái?«, fragte Natalie nach zwei Stunden und warf Jánnis einen vorwurfsvollen Blick zu.

Der übergab Vassílis die Fernsteuerung. Aus den Augenwinkeln sah ich, dass sich mein Mann freute. Nun ließ er das Segelboot seine Runden ziehen.

»Gefällt es dir hier nicht?« Jánnis wandte sich zu seiner Frau.

»Übermorgen ist unser Urlaub zu Ende. Du hast es mir versprochen.«

»Wir können jetzt nicht einfach aufbrechen. Das wäre unhöflich unseren Gastgebern gegenüber, und in ein paar Monaten hältst du es ja doch nicht ohne deine Freundin Doris aus. Dann setzen wir wieder mit der Fähre über nach Kreta und fahren nach Vái. Großes Ehrenwort.« Er legte drei Finger aufs Herz.

»Darauf lasse ich mich nicht ein, ich will heute dorthin.«

»Also, ich weiß nicht, im Reiseführer kam die Gegend überhaupt nicht toll rüber.«

Oje! Ich machte mich auf eine längere Debatte gefasst und verfolgte das Gespräch vorerst stumm. Gerne hätte ich Natalies Wunsch erfüllt, aber ich überließ den beiden die Entscheidung. Es war ihr Urlaub.

Natalie kramte in der Tasche und zog einen Reiseführer heraus. Sie schlug die Seite über Vái auf und fing an vorzulesen. Mit den Worten »Ein beliebter Touristenstrand« endete sie.

»Siehst du, Natalie, das war es«, sagte Jánnis.

»Was war es?« Es interessierte mich nun doch.

»Ich kann die Dáfni dort nicht ohne absehbare Probleme ins Wasser lassen. Stellt euch das mal vor! Alle Urlauber würden von den Liegen oder von den Stühlen im Restaurant aufspringen und zum Meer laufen, um sich das ferngesteuerte Segelboot, ohne Motor, nur vom Wind getrieben, anzusehen.«

»Wäre das etwas Neues?« Natalie sah in die Runde der am Tisch Sitzenden.

»Nichts Neues, aber anders!«

»Wie anders?«

»Der Strandjunge könnte die Liegen nicht abkassieren und die Taverne würde auf den offenen Rechnungen sitzen bleiben.«

»Sag mal, hast du einen Sonnenstich?« Natalie fasste Jánnis an den Kopf. Er schüttelte ihre Hand ab.

»Mir geht's gut. Und dir, Vassílis?«

»Mir ist auch lieber, wir bleiben im Hafen, trinken ein paar Gläschen und lassen uns von den Fischern Geschichten erzählen.« Er steuerte die Dáfni um eine Boje.

Klar! Mein Vassílis war nicht der Typ Mann, der stundenlang auf einer Liege sonnenbadete. Nur mir zuliebe hatte er sich darauf eingelassen. Dass ihm diese Wendung des Ausfluges zusagte, konnte ich mir gut vorstellen.

»Kann mir einer ernsthaft sagen, warum wir uns dafür extra einen Jeep leihen mussten? Für eine Stunde Fahrt über die Berge, um in einer Taverne zu sitzen, reichlich zu verköstigen, den Männern beim Segeln zuzusehen und Seemannsgarn zu hören«, moserte Natalie.

»Wer wollte denn unbedingt den Jeep mieten und an einen überfüllten, nicht fürs Segelbötchen geeigneten Küstenabschnitt?« Jánnis sah erst seine Ehefrau, dann mich an.

»Tja, Natalie, liebste Freundin, hier kommt immer alles anders als man denkt. So wie ich dir in meinen Briefen berichtet habe, und seitdem ihr aus Deutschland aufs griechische Festland gezogen seid, wird dir das doch bekannt vorkommen, oder?«

»Nächstes Mal setzen wir die Männer irgendwo am Wasser ab und gehen ohne sie auf Tour«, schmollte Natalie.

»Endlich siehst du es ein.« Jánnis gab ihr schnell einen versöhnlichen Kuss auf die Wange.

»Weißt du, was wir jetzt machen, Doris? Wir lassen die Männer alleine und bummeln durch die Stadt.«

Ich nickte ihr zu und wir standen gleichzeitig auf.

»Halt! Natalie, wenn du auf Einkaufstour gehst,

dauert es ewig, bis ihr wieder zurück seid!«, rief Jánnis mürrisch.

»Pass du schön auf, dass die Dáfni nicht absäuft.« Sie zwinkerte ihm zu.

»Was soll das jetzt wieder heißen?«

Da mischte sich Vassílis ein. »Ich sag ja immer, soll mal einer die Frauen verstehen. Erst wollen sie unbedingt an den einzigartigen Palmenstrand der Insel und was machen sie? Kaum sehen sie eine Stadt, schon entfaltet sich der Kaufgeist in ihnen.« Er reichte Jánnis die Fernsteuerung.

Rote Beete Salat *

FÜR 4 PERSONEN

1 Kilo Rote Beete
2 große Zwiebeln
½ Tassen Balsamico Essig
¾ Tasse Olivenöl, Teelöffel Salz

Rote Beete gut waschen! In Salzwasser auf kleiner Stufe kochen, bis sie weich sind (circa 1½ bis 2 Stunden, je nach Größe der Knolle). Trocknen, schälen und in dünne Scheiben schneiden. Zwiebeln schälen und auch in dünne Scheiben schneiden. Zu den Roten Beeten dazugeben. Essig mit Öl vermengen, circa ½ Teelöffel Salz hinzugeben und über die Rote Beete schütten. Vorsichtig umrühren. Vor dem Servieren einen halben Tag lang kühl stellen.

Kretische Mesédes (Appetithäppchen)

Dolmádes (gefüllte Weinblätter) *

500 g eingelegte Weinblätter aus der Dose
150 g Zwiebeln
10 Esslöffel Langkornreis
1 Teelöffel gerebelte Minze
1 Esslöffel gehackte Petersilie
1 Esslöffel gehackter Dill
½ Teelöffel geriebener Kümmel
Salz, 2 Esslöffel Olivenöl

Die Weinblätter vorsichtig auseinanderfalten, unter fließendem Wasser abspülen, trocken tupfen. Die Zwiebeln abziehen, fein hacken.

Den Reis in heißem Wasser 5 Minuten kochen. Auf einem Sieb abtropfen lassen. Zwiebeln, Minze, Petersilie und Dill hinzufügen, alles gut verkneten. Mit Salz, Kümmel abschmecken und das

Olivenöl unterkneten. Jeweils einen Esslöffel Reis auf das Weinblatt legen, das Blatt zusammenfalten und mit dünnem Küchengarn umwickeln oder so gut falten, dass es sich nicht öffnet. Die Weinblätter bei schwacher Hitze etwa 1 Stunde dünsten, im Topf abkühlen lassen, herausnehmen und lauwarm servieren.

Hinweis: Dolmádes gibt es fertig in Dosen zu kaufen – oft in griechischen oder türkischen Läden.

Kretischer Thunfischsalat

150 g frischen Thunfisch oder 1 Dose Thunfisch in Öl
3 Esslöffel Mayonnaise
1 mittelgroße Kartoffel
1 Ei, 1 kleine Zwiebel
20 g frisch gehackte Petersilie
Saft einer halben Zitrone, Salz

Den Thunfisch, die Kartoffel und das Ei gar kochen und abkühlen lassen. Danach Petersilie und Zwiebel fein hacken, Ei und Kartoffel zerkleinern und mit der Mayonnaise vermengen. Einen Schuss Zitronensaft hinzugeben und reichlich salzen. Frischen Thunfisch zugeben oder Thunfischdose öffnen und Öl abschütten, dann den Thunfisch mit einer Gabel zerkleinern. Unter die angemachte Mayonnaise heben. Im Kühlschrank mehrere Stunden durchziehen lassen.

Zaziki

FÜR 2 – 4 PERSONEN

400 g Schafsjoghurt
1 mittelgroße Gurke
5 Knoblauchzehen
1 Schuss Olivenöl, Salz

Die Gurke schälen und über der Reibe raspeln. Die zerkleinerte Gurke in beide Handflächen nehmen und den Saft langsam ausdrücken. Mit dem Olivenöl im Joghurt unterrühren. Die Knoblauchzehen raspeln und in die Masse geben. Alles untereinander heben und gut salzen. Einige Stunden durchziehen lassen und kühl servieren.

Angereichert wird der Vorspeisenteller mit Féta (Schafskäse), Gurken- und Tomatenscheiben, Oliven und Salamistücken.

Vassilópita mit Sirup (Kuchen)

200 g Zucker, 150 g Butter, 3 Eier
2 Esslöffel Olivenöl
1 Esslöffel geriebene Orangenschale
1 Esslöffel geriebene Zitronenschale
1 Tasse Orangensaft
1 Esslöffel Backpulver
1 Esslöffel Cognac
2 Esslöffel grob gekackte Mandeln
4½ Tassen Mehl

Butter und Zucker in eine tiefe Schüssel geben. Mit dem Mixer 3 Minuten schlagen. Nacheinander Eier, Orangen- Zitronenschale, Cognac, Olivenöl, Orangensaft hinzugeben. Gut verrühren. Mehl mit Backpulver vermengen, langsam hinzugeben. Mandeln zum Schluss ganz kurz unterrühren. Backblech mit Butter bestreichen. Die Mischung darauf verteilen und 50 Minuten im vorgeheizten Ofen bei 180 Grad backen. Mit einem Zahnstocher den Backprozess prüfen. Es darf kein Teig haften bleiben.

Sirup

1 Tasse Orangensaft, 3 Esslöffel Zucker

Orangensaft und Zucker 6 Minuten lang kochen. Sobald die Vassilópita aus dem Ofen kommt, den lauwarmen Sirup darüber träufeln.

Kakaviá – Arme Fischermann-Suppe

»Kaliméra, fertig für den Strand?«, rief ich und stieg die Stufen zu Natalies und Jánnis' Urlaubsdomizil hoch. Unseren Freunden hatte es im Vorjahr so gut gefallen, dass sie wieder ihren gesamten Sommerurlaub auf Kreta verbringen wollten.

Allein der Fußweg zu ihnen hatte mich ins Schwitzen gebracht, denn das Haus lag auf einem kleinen Berg, inmitten eines Olivenhains. Ich hatte die Abkürzung über unser Grundstück genommen. Ein geringerer Anstieg als über die Schotterstraße und den asphaltierten steilen Bergweg hoch. Dafür musste ich aufpassen, dass ich nicht am Hang abrutschte und mich ständig an Sträuchern festhalten. Ziemlich anstrengend bei fast vierzig Grad im Schatten. Darum freute ich mich auf die Abkühlung im Meer.

Die Sonne meinte es besonders gut mit uns. Eine Hitzewelle war für die folgende Woche im Fernsehen angesagt worden. Und es wurde darauf hingewiesen, viel zu trinken und sich weniger zu bewegen. Genau so hatten wir vor, den Tag zu verbringen.

»Kaliméra, Doris.« Mit einem Tranchiermesser in der Hand rannte Natalie die Treppe herunter, an mir vorbei.

»Wozu brauchst du das Messer?«

»Das ist für Jánnis.«

»Habt ihr euch gestritten?«, fragte ich lächelnd.

Ich lief hinter ihr her, durch den Garten, in dem zahlreiche Olivenbäume standen. Schließlich erblickte ich Jánnis, der aus dem Geräteschuppen des Vermieters trat.

»Guten Morgen, Doris. Endlich bist du da!«, rief er mir zu.

Natalie gab ihm das Messer. Ich ließ mich neben beiden ins vertrocknete Gras fallen und streifte den Rucksack ab.

»Setz dich erst gar nicht hin.« Jánnis zog mich am Arm hoch. »Ich bin im Schuppen nicht fündig geworden. Ihr habt doch sicherlich Säge, Nägel, Hammer, Holzkleber und ein altes, weißes T-Shirt drüben bei euch. Kannst du mir die Sachen eben mal holen?« Er schubste mich in Richtung unseres Hauses.

»Geht's dir gut?« Ich blitzte ihn an. »Will mir einer von euch erklären, was hier los ist?«

»Jánnis möchte ein Modellboot bauen.« Natalie verdrehte die Augen.

»Eine Angelleine und dicke Kordel brauche ich auch. Behältst du alles?«

»Ich bin ja nicht blöd. Aber wieso willst du eins bauen? Du hast dein Segelboot, die Dáfni, mitgebracht.«

Jánnis gab keine Antwort und suchte die Umgebung nach brauchbaren Gegenständen ab. Unter einem Baum lagen rostige Fässer und Blechdosen. Mit dem Messer öffnete Jánnis eine, in der sich Kleber befinden sollte, das konnte ich am Etikett erkennen. Sie war anscheinend leer, weil er sie gleich zu Boden warf.

Derweil erzählte mir Natalie, was das alles auf sich hatte: »Vassílis hat ihm gestern bei einigen Gläschen Wein geschildert, wie er den ersten Fisch gefangen hat und dass es der Anfang für seine Fischerkarriere war.«

»Jánnis will nicht etwa beruflich umsatteln?«

»Nein, nein, nur ein paar Fische fangen. Und du kennst ihn ja, er will ständig irgendetwas basteln. Nun hat ihm Vassílis den Floh ins Ohr gesetzt und davon wird er nicht ablassen. Aber wir beide gehen zum Strand. Kannst du trotzdem vorher für Jánnis die Dinge holen? Danach ziehen wir los und lassen ihn werkeln.«

Natalie nahm meinen Rucksack und ich machte mich auf den Weg, zurück übers Olivenfeld, am Abhang entlang. Zum Glück schenkten mir die Bäume, bis aufs letzte Stück, Schatten. Schweißtropfen rannen von der Stirn. Der leichte Südwind gab sein Bestes dazu, die Luft war stickig. Von einem Salbeistrauch zupfte ich ein Blatt, rieb es zwischen den Fingern und roch den erfrischenden Duft. Schon kam ich unter Begleitung von Zikadengesang zu Hause an. Ich suchte die gewünschten Dinge zusammen und machte mich auf den Rückweg.

Jánnis saß angelehnt an einen Baumstamm und wedelte sich mit einem Olivenzweig Luft zu.

»Du bist ein Schatz!« Er stand auf und drückte mich begeistert an sich, als ich ihm den Korb mit den gewünschten Utensilien übergab.

»Brauchst du uns noch, oder können deine Frau und ich schwimmen gehen?«

Er winkte ab, schnappte sich die Säge und legte sie an einem jungen Olivenbaum an.

»Den willst du doch wohl nicht abholzen, oder?« Ich schob meinen Freund zur Seite und stellte mich schützend vor den Stamm. Meine Güte, was war denn in Jánnis gefahren?

»Woher soll ich sonst Baumaterial für den Bootskörper bekommen?« Er ließ nicht locker.

»Halt! Ich habe zu Hause Latten und Holzscheite vom Winter«, kam es mit wenig Begeisterung über meine Lippen. Schließlich musste ich ein weiteres Mal den Weg zurücklegen. Mein T-Shirt klebte am Körper und ich traute mich gar nicht, darüber nachzudenken, ob ich nicht einen strengen Geruch ausdünstete. Ganz besonders nach dem knoblauchhaltigen Essen am Vorabend.

»Aber schnell, sonst ist der Baum fällig!« Jánnis legte sich das Werkzeug bereit.

Ich schüttelte den Kopf.

»Natalie, es dauert noch!«, rief ich und ging abermals los.

»Was?« Sie hängte sich über das Terrassengeländer.

Ich drehte mich um und lief rückwärts weiter.

»Pass auf, dass Jánnis den Baum nicht flachlegt!«

»Welchen Baum? Ich will jetzt ans Meer!«

Auf dem gegenüberliegenden Berg stand eine Ziege. Sie tat genau das, wonach mir zumute war. Sie meckerte. Ich hatte Jánnis die Teile freiwillig angeboten, also schluckte ich meinen aufkommenden Groll hinunter.

Ich hatte eine Bestzeit zurückgelegt, damit der Baum am Leben blieb. Beladen mit Latten und völlig außer Atem stand ich vor Jánnis.

»Ich könnt dich glatt küssen!« Er kam auf mich zu.

»Lass gut sein.«

»Hast du an den Angelhaken gedacht?«

Klar, er hatte noch mehr Wünsche auf Lager. Ich fluchte innerlich.

»Davon hast du kein Wort gesagt!«

»Wie soll ich ohne Haken Fische fangen?«

Sein Blick reichte aus. Ich machte auf dem Absatz kehrt und setzte mich in Bewegung. Unbegreiflich, dass ich mich dazu hinreißen ließ, ein weiteres Mal den beschwerlichen Weg hinter mich zu bringen. Mein Herz pochte, meine Haare hingen strähnig herunter und ständig schreckte ich die Zikaden auf. Oft genug bekam ich ihre Ausschüttungen feucht zu spüren. Darauf hätte ich gerne verzichtet.

»Ich bin eingerieben und öle vor mich hin, können wir jetzt endlich los?«, rief Natalie mir hinterher.

»Frag deinen Mann!«, sagte ich keuchend, ohne mich nach ihr umzudrehen.

»Natalie, bringst du mir eine Flasche Wasser aus dem Kühlschrank«, hörte ich Jánnis rufen.

Er hält uns ganz schön auf Trab, dachte ich, während ich eine weitere Hürde nahm.

Als ich endlich – zum dritten Mal – zurückkehrte, drangen die Worte einer heißen Diskussion an mein Ohr.

»Sag mal, spinnst du, mein Lieber? Herrlicher Sonnenschein, Warnung vor Hitzewelle und du kommandierst Doris herum, statt mit uns baden zu gehen«, sagte Natalie mit aufgebrachter Stimme.

Zögerlich ging ich auf die beiden zu.

»Und wer sorgt für das Abendessen? Kakaviá gibt's heute! Von mir unter Anleitung von Vassílis zubereitet. Und – ohne Fisch keine Suppe, klar?«

»Lass Vassílis den Fisch fangen. Er ist der Fachmann, und mit Netz geht das viel einfacher!«

»Das Wetter ist zu schlecht, um Netze auszulegen, hat er gesagt. Vassílis kommt später zum Strand. Nun lasst mich in Ruhe mein Fischerboot bauen!«

»Wieso ist das Wetter schlecht? Keine Wolke am Himmel und das Meer ist ruhig wie ein See.« Natalie hielt sich die Hand als Sonnenschutz an die Stirn und blickte in die Ferne.

Sie hatte recht, aalglatt lag das Meer da.

Ich seufzte und sehnte mich nach einer Abkühlung.

»Frag Vassílis«, brummte Jánnis.

»Nimm die Dáfni dafür.«

»Das ist ein Renn- und kein Fischerboot. Außerdem:

Griechischer Fisch wird mit griechischen Booten gefangen! Die Dáfni habe ich damals in Deutschland gekauft.«

»Und griechische Fische erkennen garantiert den Unterschied?«

Trotz meiner Erschöpfung musste ich lachen und gab Jánnis den gewünschten Haken. Merkte, dass meine Kräfte nachgelassen hatten. Ich fühlte mich ausgepowert und durstig.

»Natalie, ich brauch erst mal was zu trinken und eine Verschnaufpause. Ich bin völlig platt.«

Ich stolperte die Stufen hoch. Auf der Terrasse, die die gesamte Vorderfront des Hauses einnahm, standen Liegen. Sonnensegel spendeten den erwünschten Schatten. Den wunderschönen Ausblick über die Baumspitzen hinweg zum Meer konnte ich in dem Moment nicht genießen. Ich ließ mich auf die weiche Unterlage fallen. Natalie reichte mir eine Halbliter-Flasche Wasser. In einem Zug leerte ich sie.

»Aber nur kurz, danach gehen wir zum Strand.«

Offensichtlich war meine Freundin sauer, aber ich hatte schon die Augen geschlossen. Jánnis' Gehämmer aus dem Hain drang aus der Ferne an mein Ohr.

Als ich erwachte, lag Natalie neben mir. Stunden waren vergangen, mein T-Shirt am Körper getrocknet. Ich fühlte mich unwohl damit und überlegte, nach Hause unter die Dusche zu gehen. Der Strandtag war sicherlich im Sande verlaufen.

Von wegen!

»Wir können los!«

Jánnis kam auf die Terrasse und hielt stolz sein Boot in die Höhe, das nur von einem laienhaften Wesen wie mir für ein Spielzeug gehalten werden konnte. Für Jánnis war es auf jeden Fall ein reguläres kretisches Fischerboot – in Miniformat.

Ich rüttelte meine Freundin am Arm. »Wachwerden, wir gehen zum Strand!«

Natalie rieb sich die Augen.

»Geht's ein wenig zackiger?«, fauchte Jánnis seine Frau an. Er trabte bereits los.

Natalie sah hinter ihm her und tippte sich mit dem Zeigefinger an die Stirn. »Dem bekommt wohl die Hitze nicht.«

Sie griff die Badetasche, ich den Rucksack und wir liefen hinter Jánnis her. Er hatte den Olivenhain schon durchquert und marschierte den Berg hinunter, als wir ihn einholten.

Nun erklärte er uns ausführlich die Konstruktion des Bootes. »Am Bug ist eine Schnur befestigt. Mit der kann ich vom Strand aus das Boot über die seichten Wellen ziehen. Am Ruder befindet sich die Angelleine mit Haken und Köder ...« Er schlug sich mit der flachen Hand vor den Kopf. »Doris, du hast den Köder vergessen! Hol von zu Hause Brot. Ist einfacher, als wenn ich wieder den Berg hochgehen müsste.«

Wir waren gerade auf der Hauptstraße angekommen. Von dort aus war der Weg zu unserem Haus eben.

Genau der Umweg, den ich zuvor durch meine waghalsige Abkürzung nicht nehmen wollte.

Ich musste erst einmal tief durchatmen, bevor ich mit Mühe hervorpressen konnte: »Ich leihe es von Vassílis' Vater. Wir kommen ja gleich bei ihm vorbei.«

»Kannst du auch Wein für die Schiffstaufe besorgen?«

Natalie streichelte mir mitfühlend über den Arm.

Am steinigen Strand stieß Vassílis zu uns. Um diese Uhrzeit trafen wir niemanden dort an. Die Einheimischen gingen erst kurz vor Sonnenuntergang zum Baden. Meistens in den kleinen, durch die Natur entstandenen Wasserbecken, die geschützt zwischen Meeresfelsen lagen. Nach Begutachtung, Lobgesang und Weintaufe ließen die Männer das Boot GR 1 feierlich zu Wasser. Fasziniert sahen Natalie und ich unseren erwachsenen Kindern dabei zu.

»Jetzt aber rein in die Fluten.« Ich befreite mich endlich vom T-Shirt.

»Ihr geht jetzt nicht schwimmen!«, sagte Vassílis.

»Er hat recht. Das Meer wird unruhig und kein Fisch beißt an, wenn er euch sieht.« Jánnis schickte uns einen warnenden Blick herüber.

»Das kann doch nicht wahr sein!« Wütend kickte ich Steine und traf ausgerechnet Jánnis' Oberschenkel. Ich griente ihn entschuldigend an.

Natalie plusterte sich auf und wollte gerade zum Widerspruch ansetzen.

»Wenn ihr euch nicht ruhig verhaltet, wird es nix mit dem Fischfang.«

Vassílis hatte gut Reden. Schließlich hatte er nicht Jánnis' Kommandos und meine Anstrengungen, seinem Freund alles recht zu machen, mitbekommen.

»Dürfen wir wenigstens hier sitzen?«, erklang es gemeinsam aus Natalies und meinem Mund. Wie auf Kommando sahen wir uns an und lachten los. Dafür erhielten wir die gelbe Karte.

»Ich glaub's nicht. Zwei gestandene Männer führen sich wie Kinder auf«, flüsterte ich. »Stell dir mal vor, Aléxandros würde miterleben, wie die beiden sich anstellen.«

»Sei froh, dass er einen Teil der Ferien wieder bei deinen Eltern in Deutschland verbringt. Ich weiß, du vermisst ihn, doch es hat alles auch etwas Gutes. Aléxandros würde sich schämen, wenn er das miterlebte«, sagte Natalie.

Sehnsüchtig schaute ich übers Meer zum Horizont.

Nach vier Stunden hatte immer noch kein Fisch den Köder geschnappt. Tuschelnd machten wir uns über den Fangerfolg unserer Männer lustig. Das brachte uns die rote Karte ein.

Die Sonne ging farbenprächtig unter und tauchte die Küstenberge in ein saftiges Rot. Das Bötchen schipperte vor sich hin. Müde vom gemeinsamen Auf- und Ablaufen am Strand, im Schlepptau die GR 1, saßen unsere Männer mit langen Gesichtern am Ufer, die ausgestreckten Beine im kühlen Wasser. Die von Aléx spendierte Literflasche Wein war leer.

»Wann essen wir? Ich habe Hunger.« Natalie stand auf, reckte sich und ging auf die Männer zu.

»Gib uns noch eine Stunde.« Giftige Blicke sprühten ihr entgegen.

»Ich werde bestimmt auf Kreta verhungern, wenn das so weitergeht.« Natalie sank auf die Knie und fing an, Steine zu einem Hügel aufeinanderzulegen.

Das konnte ich nicht mit ansehen. »Komm Natalie, wir gehen und schauen mal, was wir zum Abendessen auf den Tisch zaubern.«

Zum Glück hatte ich Fisch im Tiefkühlfach, so würde es später die Arme Fischermann-Suppe geben, auch *Kakaviá* genannt.

Der Abend brachte keine Kühle mit sich; es wehte weiterhin Südwind. Knoblauchduft schwebte in der schwülen Luft. Natalie und ich verwöhnten uns mit kaltem Bier und einer herzhaften Vorspeise. Nach solch einem schief gelaufenen Tag hatten wir uns die Leckerbissen redlich verdient. Ich hatte dünne Scheiben von Auberginen und Zucchini goldgelb in der Pfanne gebraten. Persönlich mochte ich sie gerne mit Zazíki. Natalie bevorzugte es, das Gemüse in eine dickflüssige Tomatensoße zu tunken, in der viel Knoblauch vorhanden war. Die Suppe war fertig gekocht und nachdem ich die Zitrone hinzugefügt hatte, musste sie kurz durchziehen. Da hörten wir Stimmen auf dem Schotterweg zum Haus.

»Nein, es lag nicht am Boot und das Meer war ruhig genug, vielleicht zu ruhig«, sagte Vassílis.

»Du als Fischer wirst es schon wissen.«

Sehen konnten wir unsere Männer noch nicht. Auf einmal wedelte der Rest des weißen T-Shirts, an einem Stock befestigt, am Kücheneingang auf und ab. »Frieden für zwei arme, hungrige Fischer?«

Gebratenes Gemüse mit Tomatensoße *

FÜR 4 PERSONEN

2 Auberginen
2 Zucchini
1 Tasse Reismehl
Salz, 1 Tasse Öl

Auberginen, Zucchini waschen. In 1 cm dicke Scheiben schneiden. Gut salzen. Danach in Mehl wenden und im heißen Öl 2 Minuten goldgelb braten. Heiß servieren. Wer möchte, kann dazu Zazíki essen oder eine Tomatensoße.

Tomatensoße

½ Kilo Tomaten
1 große Zwiebel
2 Knoblauchzehen
2 Esslöffel Olivenöl
Salz, Pfeffer

Tomaten waschen, in kleine Würfel schneiden. Öl erhitzen, klein geschnittene Zwiebel darin andünsten. Zum Schluss kurz Knoblauch mit andünsten, dann Tomaten hinzugeben, gut würzen und so lange kochen lassen, bis eine dickflüssige Soße entsteht. Immer wieder umrühren!

Kakaviá (Arme Fischermann-Suppe) *

Diese Köstlichkeit entstand vor vielen Jahren. Fischer, die auf Fang fuhren, hatten immer einen Topf, Kartoffeln, Zwiebeln, Zitronen, Dákos (kretisches trockenes Brot) und Olivenöl an Bord ihres Bootes. In kleinen Buchten wurde ein Feuer gemacht und darauf die Suppe zubereitet.

In griechischen Kochbüchern finden Sie ein verändertes Rezept.

Meines ist das ursprüngliche und wurde mir von Vassílis, dem Fischer, beigebracht.

FÜR 4 PERSONEN

1½ bis 2 Kilo Fisch mit Gräten und Köpfen vom Heilbutt oder anderen großen Meeresfischen
6 mittelgroße Kartoffeln
1 große Zwiebel
¼ Liter Olivenöl
1 Teelöffel Salz
Saft von 2 Zitronen
3 bis 4 Liter Wasser

Die Kartoffeln schälen und vierteln. Zwiebel nur schälen. Gemeinsam mit dem Olivenöl in einen großen Topf geben. Mit Wasser aufschütten, sodass der Fisch später bedeckt ist. Elektroherd: auf höchster Stufe – Gasherd: große Flamme. In der Zwischenzeit Fisch säubern, Innereien entfernen und gut salzen. Nach 20 Minuten den Fisch und den Rest Salz in den Topf geben. Weiterhin auf hoher Stufe mit geschlossenem Deckel 20 Minuten kochen. Hin und wieder kann es passieren, dass es überkocht, dann den Deckel ein wenig öffnen. Geht zu viel Wasser durch Dampf verloren, Wasser hinzufügen. Der Fisch ist gar, wenn sich das Fleisch leicht von den Gräten entfernen lässt und der Sud eine goldene Farbe angenommen hat. Bei manchen Fischarten sieht er milchig aus. Zum Schluss den Saft der Zitronen in den Fischsud gießen, nicht umrühren. Herd/Feuer abstellen und Suppe zugedeckt 5 bis 10 Minuten ruhen lassen.

Den Fisch und die Zwiebel auf einem separaten Teller anrichten, damit sich jeder selbst bedienen kann. 1½ Schöpflöffel Suppe mit circa 3 Stückchen Kartoffeln in einen tiefen Teller füllen.

Eine gut gekochte Kakaviá erkennt man daran, dass für jede Person 1½ bis 2 Teller Suppe mit 6 Stück Kartoffeln herauskommen.

Reichen Sie gekühlten, trocknen Weißwein und geröstetes Weißbrot zur Suppe.

Baklavás mit Mandeln

FÜR 6 BIS 10 PERSONEN

1 Päckchen dünner Blätterteig
3 Tassen Mandeln, Walnüsse grob gehackt
3 Esslöffel Zucker, 1 Teelöffel Zimt
10 bis 15 Nelken
150 g Butter

In eine tiefe Schüssel Zucker, Mandeln, Walnüsse und Zimt geben. Ein breites, nicht tiefes Backblech ausfetten. 5 Blätter Blätterteig auslegen, mit Butter bestreichen, an den Ecken und Enden aus dem Backblech stehen lassen.

Füllung hineingeben und gleichmäßig verteilen. Mit etwas Butter bestreichen. Die Enden nach innen wenden. Die sehr dicken Blätter aufschneiden. Mit etwas Butter bestreichen. Mit einem spitzen Messer den Baklavá einritzen und in kleine Rauten aufteilen. In der Mitte jeder Raute eine Nelke stecken.

Bei 180 Grad 55 Minuten backen, bis die Blätter eine goldbraune Farbe haben. Baklavá aus dem Ofen holen, die Oberfläche mit etwas Butter bestreichen.

Sirup

2 Tassen Zucker
1 Tasse Wasser
1 Zimtstange

Zucker, Zimtstange im Wasser erhitzen, umrühren. Dann kalt werden lassen. Den kalten Sirup über das Baklavá geben, einziehen lassen. Danach Baklavá in dreieckige Stücke schneiden.

Artischockenherz

An wenigen Tagen frühstückten Vassílis und ich gemeinsam. Meistens fuhr er bei Morgengrauen auf Fischfang und nahm sich nur ein Stück Käse, Tomaten und *Dákos*, das kretische Trockenbrot, mit. Heute erneuerte Vassílis die Fangleinen. Beim letzten Ausfahren war die Leine an einem Felsbrocken hängen geblieben. Da er sie nicht freibekam, zerschnitt er sie. Dadurch hatte er einen Teil verloren, der ersetzt werden musste. Der Hitze wegen hatte er bereits in der Frühe damit angefangen und genehmigte sich nun eine Pause.

»Ob ich mein langes Haar abschneiden soll?« Vassílis suchte sein Spiegelbild im Teelöffel. Er saß mir gegenüber am Tisch.

»Auf keinen Fall!«, sagte ich.

»Bin ich zu dick, Doris?« Er strich sich über den Bauch.

»Nicht mal ein Ansatz ist zu sehen.« Kopfschüttelnd biss ich in mein selbst gebackenes Brötchen.

»Die Butter sollte ich dünner schmieren wegen dem Cholesterin und …«

»Vassílis, es reicht«, unterbrach ich. »Was ist denn mit dir los? Du bist kerngesund. Dein Haar ist schön wie eh und je, dein Bauch muskulös, und mit dem Cholesterinspiegel hattest du noch nie Probleme.« Langsam war mir beim Reden ein Licht aufgegangen. Ich schaute Vassílis in die Augen. »Ist es wegen deinem Fünfzigsten?«

Er zog die Schultern hoch. »Bin ich nicht zu alt für all das?«

»Für was?«

»Langes Haar und enge Jeans.«

»Das passt zu dir.« Ich wollte mir gar nicht vorstellen, wie Vassílis mit Kurzhaarschnitt und in Cordhosen aussehen würde.

»Besser ist, ich gehe in Rente. Tagsüber helfe ich dir bei der Hausarbeit, dem Gemüse, den Ziegen und den Hühnern. Abends spielen wir zusammen Schach und sonntags machen wir einen Ausflug in die Berge. Abgesehen davon, kann ich Aléxandros öfter in Sitía besuchen. Der fühlt sich sicherlich einsam, so ganz ohne Familie.«

»Hast du dich damals mit fünfzehn allein gefühlt, als du aufs Stadtgymnasium gehen musstest?«

»Nein, das war pure Freiheit.«

»Meinst du nicht, dass Aléxandros und sein WG-Freund ähnlich denken?«

Anstatt zu antworten, schob er mir sein gekochtes Ei zu.

»Auch keine Eier mehr?«

Er schüttelte den Kopf.

»Ich fasse mal zusammen. Ab jetzt soll noch gesünderes Essen auf den Tisch. Du willst mir jeden Tag im Weg stehen, abends nicht mehr mit deinen Freunden in der Taverne diskutieren, dafür aber mit mir Schach spielen. Sonntags zuckelst du künftig im Anzug und mit Hut bei Tempo vierzig über die Landstraße. Und du möchtest deinen Sohn ständig vom Lernen abhalten und seine Freizeit in Anspruch nehmen. Richtig?«

Vassílis zuckte mit den Schultern.

Ich räumte den Tisch ab. »Und das Fischengehen wirst du nicht vermissen?«

»Lange Strecken mit dem Boot sind ungesund für die Knochen.« Vassílis wollte sich eine Zigarette anzünden, steckte sie jedoch in die Packung zurück. Stattdessen griff er in die Hosentasche, beförderte eine Dose heraus, öffnete sie und schüttete sich drei Pillen in die Hand.

»Was ist das?«, fragte ich und überlegte gleichzeitig, was dieses Gefasel von nicht mehr fischen gehen bedeuten sollte. Er war noch nie davon abzubringen gewesen, sogar bei stärkerem Seegang zog es ihn hinaus aufs Meer.

»Artischockenextrakt.« Er schluckte die Pillen mit Wasser hinunter.

»Wofür sind die?«

»Senken das Cholesterin, fördern die Verdauung, treiben den Stoffwechsel von Leber und Galle an. Sind gut gegen Rheuma, Arthritis, Fettleibigkeit, Infarkt, Schlaganfall«, zählte Vassílis auf.

An all dem sollte er nun leiden? Ich verstand die Welt nicht mehr. Bis gestern war sie auf jeden Fall noch in Ordnung und Vassílis gesund.

»Ein wahres Wundermittel!« Ich verdrehte die Augen. »Seit wann leidest du unter Verdauungsstörungen, Rheuma und Fettleibigkeit?«

»Ich beuge vor.«

Jetzt war es ganz deutlich: Das war nicht mein Vassílis! Vorbeugen, das Wort hatte niemals zuvor in seinem Wortschatz existiert. Er lebte in den Tag hinein und ließ sich eher von ihm treiben oder überraschen. Da musste etwas geschehen.

Am Nachmittag schrieb ich unseren Freunden Natalie und Jánnis eine E-Mail. Gemeinsam überlegten wir, wie Vassílis aus dem Tief zu ziehen wäre. Jánnis hatte den rettenden Einfall und machte sich sofort daran, ihn umzusetzen.

Damit Vassílis nicht weiter diese Pillen zu sich nahm, versorgte ich ihn die nächsten drei Wochen täglich mit frischen Artischocken aus dem Supermarkt, denn im Garten war die Erntezeit zu Ende.

Ich bereitete das Gemüse auf verschiedenste Weise zu. Mal gab ich die fasrigen Knospen roh in den Salat, richtete sie mit Kartoffeln in Zitronensoße oder Lammbraten an.

»Meinst du nicht, du übertreibst?«, fragte ich, nachdem sich Vassílis zum dritten Mal am Lammragout bedient hatte.

»Ich esse zu viel.« Schuldbewusst sah er auf seinen Teller.

»Wie lässt sich eigentlich der Fettrand vom Lamm mit den gesunden Artischocken vereinbaren?« Die Ironie in meiner Stimme war unüberhörbar, aber Vassílis zuckte nicht mal mit den Augenbrauen. »Außerdem wirst du mir wieder den ganzen Abend was vorpupsen«, setzte ich nach.

»Mein Vater sagt immer, wer Blähungen hat, ist gesund!«

Langsam hatte ich es satt, jeden Tag die Artischocken zu putzen. Meine Finger waren dunkel verfärbt und übersät mit Stichwunden von den distelartigen Stacheln. Abgesehen davon, war ich den herbbitteren Geschmack leid. Ansehnlicher wäre es, die violett schimmernden Blütenstände in eine Vase zu stellen, dachte ich.

Vassílis' Geburtstag rückte immer näher. Ungeduldig wartete ich auf Post von Jánnis. Ich wollte meinen alten Vassílis zurückhaben und die Artischocken aus der Küche verbannen. Ganz besonders fehlte mir frischer Fisch, weil Vassílis es neuerdings zu anstrengend fand, aufs Meer hinauszufahren. Dafür hatte er es sich zur Aufgabe gemacht, mir beim Kochen über die Schulter zu schauen. Seine klugen Sprüche, wie ich die Artischocken putzen und zubereiten sollte, blieben dabei nicht aus. Aber selbst wollte er die Arbeit nicht verrichten. Sprach ich ihn darauf an, verzog er sich ins Wohnzimmer.

Endlich war es soweit, ein Paket aus Kalamáta war angekommen. Heimlich holte ich es von der Poststation ab, fuhr nach Hause und versteckte es im Schlafzimmer unter einem Stapel Decken.

»Zum Geburtstag viel Glück, zum Geburtstag viel Glück ...«, sang ich und hielt Vassílis den Kuchen mit den fünfzig flackernden Kerzen entgegen.

Er lächelte schief und atmete tief ein, um den Fackelzug, wie er die Anzahl der Kerzen nannte, mit einem Mal auszublasen.

»Hast du dir etwas gewünscht?«

»Seit Jahren das Gleiche, ein ...«

»Nicht verraten, sonst geht der Wunsch nie in Erfüllung.«

Zum Anschneiden reichte ich ihm das Messer. Das erste große Stück legte Vassílis auf meinen Teller, für sich selbst nahm er einen schmalen Streifen.

»Aber Vassílis, Walnusskuchen ist dein Lieblingssüßes, oder hat sich das geändert?«

»Im Alter sollte man so wenig Zucker wie möglich zu sich nehmen.«

»Ach so, Diabetes nun auch noch!«

Ich war ein wenig enttäuscht. Für die Zubereitung hatte ich einiges an Zeit gebraucht, weil ich dieses Mal die Walnüsse eigenhändig aus der Schale gepult und gemahlen hatte. Anstatt dass er sich darüber freute, erhielt ich einen gut gemeinten Rat.

»Mit der Gesundheit kann nicht vorsichtig genug umgegangen werden.«

»Lass uns lieber feiern.«

Ich verdrängte meinen aufkommenden Frust, schließlich hatte ich eine Überraschung für ihn und danach würde ich hoffentlich meinen alten Vassílis wiederhaben.

»Recht hast du, Doris, solange wir können, sollten wir die Feste feiern, wie sie fallen.«

Kopfschüttelnd stellte ich ihm Jánnis' Paket vor die Nase.

»Was ist denn das?«

»Ein Präsent von deinem Freund aus Kalamáta.«

»Kaum zu glauben. Jánnis hat bisher nie an meinen Geburtstag gedacht. Er meldet sich lieber zum Namenstag.«

»Denk nicht lange darüber nach, freu dich einfach.«

Ich konnte die Anspannung schwer im Griff halten und kniff mir in den Arm. Vorsichtig öffnete Vassílis den Karton, hob das Geschenk heraus und platzierte es auf dem Tisch.

Nach Wochen zog endlich ein strahlendes Lächeln über sein Gesicht. »Seit meiner Kindheit wünsche ich mir ein Segelboot.« Er streichelte sanft über den Mast.

»Es ist als Symbol gedacht. Dein eigentlicher Wunsch ist ein echtes, mit dem du übers Meeren gleiten kannst. Richtig?«

»Hast du nicht vorhin gemeint, Wünsche sollten niemals laut ausgesprochen werden? Sieh nur«, er hob das Modell hoch, »meine Aphrodíti wird graziös im Wind liegen.«

»Aphrodíti soll sie heißen? Ein schöner Name. Gib sie mir mal.« Ich streckte die Hände aus.

»Auf gar keinen Fall! Du weißt nicht, wie damit umgegangen wird und könntest etwas kaputt machen.«

»Wie bitte?«

»Räum das Regal im Gästezimmer leer, damit ich Platz für meine Aphrodíti habe. Und staube sie bloß nie ab, hast du verstanden?« Er hielt das Boot an sich gedrückt.

Diese Art von Wandlung hatte ich keinesfalls erwartet. Er kommandierte mich herum und benahm sich wie ein Achtjähriger. Doch die Hoffnung auf meinen alten Vassílis hielt ich aufrecht. Flink schaffte ich Platz auf dem Regal. Mit glänzenden Augen stellte er das Boot darauf, ging ein paar Schritte zurück und betrachtete stolz das Meisterstück.

»Ich muss sofort Jánnis anrufen und mich bedanken. Schade, dass Aléxandros in der Stadt ist. Aber er hat viel zu lernen, Tests stehen morgen in der Schule an.«

Erstaunlich, dass er sich daran erinnerte. Es beruhigte mich, denn in letzter Zeit hatte er mehr oder weniger nur seine Gesundheit im Kopf gehabt. Vassílis hüpfte förmlich durch den Flur zur Kommode und zog das Telefonregister aus der Schublade.

»Vor einer Stunde warst du die Vernunft in Person,

jetzt benimmst du dich wie ein kleiner Junge.« Fröhlich vor mich hin pfeifend trug ich das Geschirr in die Küche.

»Bevor du den Kuchen wegräumst, schneide mir ein schönes großes Stück ab, ist schließlich meine Lieblingssorte. Und bring bitte den Aschenbecher mit!«, rief er mir nach.

Aber gerne!, dachte ich.

»Jássu, Jánnis! Das war ein Volltreffer, damit hast du mir eine Riesenfreude bereitet«, hörte ich meinen Mann sagen. Plötzlich schrie er auf: »Wirklich?«

Erschrocken rannte ich in den Flur.

»Für fünf Tage?«, fragte er, »Dann können wir, wenn ihr hier seid, gemeinsam Regatten fahren. Darauf trinke ich mit Doris einen Sekt.«

Ich lächelte. Vassílis war auf dem besten Weg, wieder der Alte zu werden, obwohl er sich im Moment ein wenig kindisch aufführte. Ich ließ ihm den Spaß, es würde sich mit der Zeit sicherlich einpendeln. Und Artischockenherzen gab es künftig alle paar Tage. Ganz wollte ich nun doch nicht auf das gesunde Gemüse verzichten.

Tirákia tighanitá (Käsekügelchen)

2 Eiweiß
1 Tasse geriebener Kefalotíri – Käse (Hartschafskäse)
frisch gemahlener Pfeffer
2 Tassen Olivenöl

Eiweiß steif schlagen. Den geriebenen Käse unterrühren. Die Masse mit Pfeffer würzen und in kleine Bällchen formen – wenn nötig, Hände mit Mehl bestäuben. Sollte die Masse zu flüssig sein, mehr Käse hinzugeben. Olivenöl erhitzen. Die Käsebällchen schwimmend goldgelb ausbacken. Dann auf Küchenpapier abtropfen lassen.

Lamm mit Artischocken an Zitronen-Ei-Soße *

FÜR 4 PERSONEN

1 ½ Kilo Lamm
15 Artischocken
2 Eier
2 Zitronen
Salz, Pfeffer

Lamm in Stücke schneiden, gut würzen. In einem Topf mit 3 Liter Wasser kochen. Blätter der Artischocke entfernen, Herzen teilen und eine halbe Stunde vor Garung des Fleisches mit in den Topf geben. Sind die Artischocken gar, dann 2 Eier in einer Schüssel schlagen. Zitronensaft hinzugeben. Miteinander verquirlen. Mit der Suppenkelle Brühe aus dem Topf sehr langsam in die Ei-Zitronenmasse geben. Nicht aufhören zu schlagen! Solange Brühe hinzufügen, bis die Schüssel gefüllt ist. Danach zur restlichen Brühe hinzugeben, kurz umrühren und sofort Herd ausschalten. 5 Minuten ruhen lassen.

Walnusskuchen

FÜR 10 BIS 15 PERSONEN

10 Eiweiß
10 Esslöffel Zucker
10 Esslöffel Grieß
2 Esslöffel Zimtpulver
1 Esslöffel geriebene Nelken
1 Esslöffel Backpulver
2 Teetassen grob gehackte Walnüsse
20 g Butter

Das Eiweiß schlagen, bis ein nicht ganz fester Eischnee entsteht. Löffelweise abwechselnd Zucker und Gries zugeben und dabei weiter schlagen. Zimt, Nelken, Backpulver und zuletzt die Walnüsse zufügen. Die Mischung sanft mit einem Holzlöffel umrühren. Dann in eine gebutterte Form geben. Bei 180 Grad circa 50 Minuten backen.

Sirup

2 Gläser Zucker
3 Gläser Wasser

Zucker und Wasser vermischen und 10 Minuten lang, auf kleiner Flamme kochen lassen.

Den Walnusskuchen abkühlen lassen. In Stücke einteilen, indem der Kuchen circa einen Zentimeter tief eingeritzt wird. Dann erst mit dem Sirup begießen, damit er in den Kuchen einfließen kann.

Nicht meine Schokoladenmandelsplitter!

»Soll ich dir helfen?«, fragte mein Mann, als ich nach dem Abziehen der Bettwäsche die Matratze zum Lüften hochstellte.

»Fahr du ruhig auf Fischfang.« Ich schubste Vassílis aus der Tür. Huschte da ein erleichtertes Lächeln über sein Gesicht?

Nachdem ich alle Putzutensilien zusammen hatte, legte ich los. Wie so oft, wenn ich mit der Hausarbeit anfing, war kein Ende in Sicht. Ich versuchte, dem Staub Herr zu werden, obwohl er sich nach einer Minute wieder ansammeln würde. Und wenn ich schon einmal zu Gange war, räumte ich auch gleich die Regale leer und reinigte sie gründlich. Beim Säubern der Bücher überlegte ich mir, wie ich die Regale neu dekorieren könnte. Erst zur späten Nachmittagsstunde holte ich, total erschöpft, frische Bettwäsche hervor.

»Nanu, ein Loch im Bezug?«

Ich stutzte, legte ihn bei Seite, nahm ein Laken in

die Hände. Kleine Stofffetzen rieselten auf den Boden. Schlangen und Skorpione, die uns hin und wieder heimsuchten, konnten das nicht gewesen sein. War das etwa die Maus aus dem Küchenschrank? Aber die hatten wir gefangen und entsorgt, dachte ich.

Zum Glück hatte der Wind die aufgehängte Bettwäsche trocken geweht, sodass ich sie wieder aufziehen konnte.

Fürs Abendessen entschied ich mich für einfache Küche. Ich kochte Linsen ab. Im zweiten Topf bereitete ich die Tomatenmasse zu, indem ich Zwiebeln und Knoblauch in einer halben Tasse Olivenöl andünstete, damit die Suppe später einen herzhaften Geschmack bekam. Das Geheimrezept daran war das Olivenöl. Gemischt mit den Zwiebeln und dem Saft der Tomaten ergab es eine sämige Suppe, ein Anbinden mit Mehl war nicht nötig.

Beim Kochen ging mir die Sache mit der Maus nicht aus dem Kopf. Hatte ich es mit dem Füttern der draußen lebenden Katzen zu gut gemeint? Schließlich beköstigte ich sie mit Reis und frischem Fisch oder Hühnchenleber. Vassílis und Aléxandros machten sich oft über mich lustig, wenn ich die Katzen verwöhnte. Sollten sie ruhig! Ich wusste, dass diese ihnen nicht gleichgültig waren. Wenn es darum ging, den zugelaufenen oder neugeborenen Namen zu geben, waren sie immer gleich eifrig mit von der Partie. Aléxandros war für die modernen – Beauty, Meicky, Lucky, Tina, Andy und Timmi – verantwortlich. Vassílis bevorzugte griechische: Sákis,

Pétros, Tássos, Sofía und Tígri. Wobei er sie trotzdem häufig verwechselte. Mir blieben die Tiere übrig, bei denen ihnen die Fantasie ausging.

Oft liefen uns die Katzen im Herbst zu, da im Sommer die Touristen sie in den umliegenden Urlaubshäusern fütterten. Nach der Saison fanden sie ihren Weg zur Futterstelle, hielten sich ein paar Monate in der Nähe auf, bis die ersten Gäste die Insel erreichten. Dann verschwanden sie wieder, oftmals ohne Rückkehr. Dafür gesellten sich andere Hungerleider dazu. Ausreichend Nahrung war täglich vorhanden. Vielleicht sollte ich ihnen weniger geben, damit sie auf die Jagd gingen? Obwohl, hin und wieder brachten sie mir ein gefangenes Tier vor die Tür.

Um das Mausproblem in den Griff zu bekommen, musste ich handeln. Eine Mausefalle! Auf Kreta bestand sie aus einem Plastikteller mit Klebemasse. Darauf lagen Getreidekörner. Die Maus würde stecken bleiben, überleben und Vassílis könnte sie später draußen entsorgen. Es war unabänderlich, sie hatte versucht, sich im Wäscheschrank ein Nest zu bauen.

Ein Geräusch weckte mich auf. Die Maus! Jetzt geht sie in die Falle, schoss es mir durch den Kopf.

»Vassílis!«

Ich stupste ihn in den Rücken. Er schnarchte. Verstärkte mein Rütteln. Nichts!

Mutig stand ich auf und versuchte auszumachen, woher das Scharren kam. Aus der Schale mit den Muscheln, die als neue Dekoration auf einem der Regale stand. Eilig holte ich eine zweite Falle und platzierte sie dort. Dann wartete ich so lange, bis mich die Müdigkeit überfiel. Mein tierischer Widersacher hatte anscheinend den Braten gerochen und war weg.

In der folgenden Nacht kam es mir vor, als machte die Maus sich im Nachtschränkchen, in dem wir Medikamente aufbewahrten, zu schaffen. Dieses Mal gelang es mir, Vassílis zu wecken. Er hörte sich das Geräusch an und meinte, es wäre unser Gecko Felix. Den Namen hatte ich ihm gegeben. Seit einigen Sommern drehte er im Schlafzimmer an den Wänden seine Runden und fraß die lästigen Mücken. Ich war mir jedoch sicher: Es handelte sich hier um eine Maus. Also schob ich die Klebetellerchen in die beiden Schubfächer und legte mich wieder schlafen.

»Schau, ich habe die Maus erwischt«, sagte Vassílis am Morgen und zeigte mir freudestrahlend seinen Fang.

Der graue Eindringling hatte die Körner gefressen und klebte nun fest. Ich hatte es so gewollt, dennoch tat mir das Tierchen leid. Ängstlich blickte es mich an.

Rasch sah ich weg und lobte Vassílis, nicht ganz ohne Ironie: »Hast du gut gemacht, und das alles, während du geschlafen hast.«

Stolz spazierte er mit seiner Beute aus dem Haus. Ich warf die Medikamente weg. Das Problem war beseitigt.

Dass ich mit der Annahme falsch lag, sollte ich eine Woche später erfahren. Ich war früh zu Bett gegangen, um spannende Horrorgeschichten weiterzulesen. Plötzlich zeichnete sich ein Schatten an der Wand ab. Vor Schreck fiel mir das Buch aus der Hand.

»Vassílis!«, flüsterte ich.

Er saß im Wohnzimmer vor dem Fernseher und hörte mich nicht. Auch Aléxandros, der übers Wochenende zu Hause war, gab keinen Ton von sich. Wie auch? Er schlief mit Sicherheit tief und fest in seinem Zimmer. Vorsichtig stand ich auf und schlich zu Vassílis.

»Wieder eine Maus im Schlafzimmer! Los, wir müssen sie fangen!«

Er folgte mir. »Die erwischst du nie!«

»Sie ist hinter den Schrank gehuscht.«

»Du willst ihn doch nicht mitten in der Nacht wegziehen!«

»Hast du Angst, die Nachbarn könnten davon wach werden?« Wütend funkelte ich ihn an.

»Welche Nachbarn? Hier in unserer Einöde? Ich hatte an unseren Sohn gedacht.«

»Es war ein Witz. Hilf mir lieber, den Schrank von der Wand zu rücken.«

Er war zu schwer. Mir blieb nichts anderes übrig, als die Fächer auszuräumen.

»Doris! Es ist spät, lass die Maus in Ruhe.«

»Die lässt mir keine Ruhe! Unverständlich, warum wir ständig Mäuse im Haus haben. Draußen liegen fünfzehn Katzen auf der Lauer, und die Maus ist drin.«

Statt mir zu helfen, diskutierte er mit mir. »Das ist deine Schuld. Du fütterst sie mit Delikatessen und deshalb haben sie keinen Hunger mehr auf Frischfleisch.«

»Du bringst ihnen doch auch immer Fisch mit, oder? Fertig, los, ziehen!«

Hinter dem Möbelstück befand sich nur Staub. Aber da erblickte ich meinen Unruhestifter an anderer Stelle.

»Gib mir sofort so was wie einen Deckel!«, rief ich.

»Wieso?«

»Die Maus ist in der Bodenvase, wahrscheinlich vom Regal aus hineingefallen.«

»Wo? Wie kannst du das sehen?« Er beugte sich vor.

»Ach, Vassílis! Die ist doch aus Glas. Nun muss ich die Hand darauf legen, sie will rausspringen.«

Ich schob meine Finger über die Öffnung. Die Maus hüpfte hoch, erwischte mich zum Glück nicht. Anschließend übergab ich das Gefäß mitsamt Inhalt Vassíllis, der es aus dem Zimmer trug.

Ich lief hinter ihm her. »Was machst du denn jetzt?«

Die Tür zum Garten stand offen. Eine Katze nach der anderen spazierte von draußen in die Küche. Ich blickte verdutzt auf unsere Bande, die sich um die auf dem Boden stehende Vase versammelte. Interessiert schauten sie zu, wie die Maus versuchte, ihrem Gefängnis zu entkommen.

»So, jetzt können sie auf die Jagd gehen.« Vassílis grinste.

Schwups! Die graue Beute sprang heraus und huschte unter die Küchenbank. Unsere auf sie angesetzten Jäger verharrten weiter vor dem Glasbehälter.

»Toll gemacht!« Flugs holte ich die Fallen.

»Das ist nicht meine Schuld. Du verwöhnst die Tiere

zu sehr«, gab Vassílis zurück, »das hast du nun davon. Sie gucken sich die Maus an, wie unsereins einen Dokumentarfilm im Fernsehen.«

»Das ging alles zu flott, die haben gar nicht mitbekommen, dass sie rausgesprungen ist«, nahm ich die Katzen in Schutz.

Er ging ins Wohnzimmer und machte die Tür hinter sich zu. Nachdem ich die Katzen wieder in den Garten befördert hatte, folgte ich ihm und setzte mich auf die Couch.

»Erkläre mir bitte, warum wir ständig eine Maus im Haus haben. Du hast sie doch immer weit weg in den Garten getragen.«

»Ich hab sie direkt vor der Terrassentür ausgesetzt. Dachte mir, irgendeine von den Katzen wird sie schon ins Visier nehmen.«

»Tolle Idee. Hast du gut gemacht.« Ich schüttelte den Kopf.

»Dir mache ich niemals was recht.« Er verschränkte die Arme vor seiner Brust und warf mir einen bitterbösen Blick zu.

Darauf ging ich erst gar nicht ein. Ich war total aufgedreht von der Aktion und dachte an die Katzen, die blöd in die Vase schauten, während die Maus sich aus dem Staub machte.

»Vielleicht ist es immer dieselbe Maus, die sofort wieder ins Haus geflüchtet ist?« Das war so absurd, dass ich lachen musste. Vassílis stimmte ein. Ich stellte mir vor, wie unser beharrlicher Untermieter sich die Pfötchen rieb und sich darauf freute, sein nächstes Unwesen zu treiben.

Am Ende siegten wir. Die Maus wurde gefangen und dieses Mal achtete ich darauf, dass Vassílis sie ganz weit hinten im Garten freiließ.

Einige Wochen waren vergangen. Ich hatte meine Familie in Deutschland besucht und kam mit vielen Leckereien im Gepäck zurück. Schokoladenmandelsplitter, wie ich sie liebte! Ich verstaute alles in der Schublade für Süßigkeiten.

»Und lasst bloß eure Finger davon«, sagte ich zu Vassílis und Aléxandros. Auch wenn sie es eigentlich nicht mochten – war schließlich nichts Griechisches –, hielt ich es für besser, ihnen das nochmals klar und deutlich zu verstehen zu geben.

Am folgenden Abend wollte ich mir von den Köstlichkeiten einige Stücke gönnen. Ich erkannte sofort, in der Tüte mit den Mandelsplittern befand sich ein Loch. Waren meine Lieben nun doch auf den Geschmack gekommen und hatten sich darüber hergemacht? Nach genauem Betrachten kam mir ein anderer Verdacht. Die Maus war zurück! Vergriff die sich etwa an meinen Süßigkeiten?

Es reichte! Ich war bereit zum Kampf. Dieses Mal fuhr ich härtere Geschosse auf: echte, altbekannte Schnappmausefallen, aus Deutschland mitgebracht, die ich mit Nussschokolade bestückte.

»Doris!« Ich schrak auf und saß kerzengerade im Bett. Ein Blick zur Nachttischuhr sagte mir, dass es ziemlich früh am Morgen war.

»Vassílis, wie oft habe ich dich gebeten, mich sanfter zu wecken!«

»Komm sofort ins Wohnzimmer!«

Ich stand auf, wuschelte mit den Händen durch mein Haar und ging in den Nebenraum. Die Schublade mit den Süßigkeiten war herausgezogen.

»Kannst du mir das erklären?« Vassílis zeigte hinein. Die Falle hatte zugeschnappt.

»Na also!«, rief ich aus. »Bettwäsche, Töpfe, Medikamente, mitten in der Nacht Schrank ausräumen, alles lasse ich mir gefallen, aber nicht meine Mandelsplitter wegfressen! Hier im Haus ist nur Platz für eine süße Maus und das bin ich!« Siegreich drehte ich mich um, ließ Vassílis mit den Überresten alleine und kuschelte mich wieder ins noch warme Bett.

»Was ist denn los?«, hörte ich Aléxandros.

In den Weihnachtsferien in aller Frühe von solch einem Ereignis geweckt zu werden, gehörte sicher nicht zu seinen Wunschvorstellungen. Ich stellte mir bildlich vor, wie Vassílis die Falle hinter seinem Rücken versteckte.

»Doris!«, rief er da auch schon.

Ich zog mir das Laken über den Kopf und amüsierte mich. Sollte er sehen, wie er aus der Nummer herauskam.

Saganáki (gebratener Hartkäse)

FÜR 2 PERSONEN

250 g Kefalotíri (Hartkäse)
2 Esslöffel Mehl
½ Tasse Olivenöl

Käse in 5 cm dicke Scheiben schneiden. Im Mehl wenden, dann im heißen Olivenöl goldbraun braten. Immer mal mit der Gabel leicht einstechen. Wird der Käse weich, ist er fertig. Heiß servieren.

Kretische Linsensuppe *

FÜR 4 PERSONEN

500 g kleine Linsen
2 mittelgroße Zwiebeln
3 Knoblauchzehen
300 bis 500 g sonnengereifte Tomaten
(oder 1 Dose geteilte Tomaten)
½ Tasse Olivenöl
1 Lorbeerblatt
Salz

Linsen mit Lorbeerblatt in circa 2 Liter Wasser kochen, bis sie gar sind. In einem Topf Öl erhitzen, klein geschnittene Zwiebeln und Knoblauch andünsten. Tomaten waschen, halbieren und über einer Reibe den Saft herausreiben (oder Dose Tomaten hinzufügen). In den Topf geben, umrühren. Fünf Minuten köcheln lassen. Linsen zu der Tomatensoße geben, reichlich salzen. Kurz aufkochen.

Herrenpudding mit Schokoraspeln

1 Liter Milch
2 Päckchen Vanillepudding
1 Becher süße Sahne
1 Bitterschokolade
Schnapsglas Rum

1 Tasse Milch abnehmen, Puddingpulver darin verrühren. Restliche Milch aufkochen, Puddingmilch hinzugeben. 5 Minuten unter Rühren aufkochen. Abkühlen lassen.

Sahne steif schlagen, Schokolade raspeln. Mit dem Rum später vorsichtig unter den kalten Pudding heben. 2 Stunden vor dem Servieren kühl stellen.

Nur vom Feinsten

Wir hatten schon länger keinen Landausflug mehr gemacht. Jetzt gab es einen speziellen Anlass dazu. Das Meeresaquarium war eröffnet worden. Vassílis hatte in den vergangenen Jahren Fische lebendig gefangen, die nun dort zu sehen waren. Danach wollte er mich zum Garnelenessen ausführen, in eine Taverne, die am Fischerhafen von Heraklion lag. Ich mochte Garnelen, wenn sie in einer Öl-Zitronensoße angerichtet wurden. Und zur Nachspeise würde ich mir *Melomakárona* bestellen, ein süßes Honiggebäck. Mir lief das Wasser im Mund zusammen. Doch bis zum Essen musste ich mich noch eine Weile gedulden und das Aquarium besichtigen. Ausgerüstet mit einer zwanzig Jahre alten Minolta Spiegelreflexkamera, die ich stolz mein eigen nannte, ging die Tour los. Nach zwei Stunden Fahrzeit näherten wir uns dem Kretaquarium.

»So viele Autos!«, rief Vassílis und ich spürte, dass er bei der Suche nach einem Parkplatz nervös wurde.

Wenig später standen wir in der elegant eingerichteten Empfangshalle am Ende einer extrem langen Warteschlange.

»Freust du dich?« Ich schaute zu Vassílis und konnte die Antwort an seinen strahlenden Augen ablesen.

»Seit Jahren habe ich Fische für dieses Aquarium aus dem Meer geholt. Jetzt kann ich dir jeden einzelnen zeigen.«

Nach einem Blick zum Eingang wurde mir flau im Magen. Ich hatte dort einen schwarzen Tunnelgang ausgemacht. Aufgeregt zupfte ich Vassílis an der Jacke. Er neigte sich zu mir herüber.

»Da ist es aber ziemlich düster. Du weißt doch, ich habe Angst vor engen, dunklen Räumen. Vor allem dann, wenn ich nicht weiß, was mich erwartet«, flüsterte ich ihm ins Ohr.

Beruhigend tätschelte er meine Hand. »Das ist nur hier vorne, drinnen wird es heller. Die Wasserbecken sind von innen beleuchtet.«

»Und die Gänge?«

»Ich bin doch bei dir.« Er nahm die Karten entgegen.

Angespannt griff ich nach seiner Hand und hielt sie fest, spürte, wie mein Herz hämmerte. Vassílis zog mich hinein in die Dunkelheit.

Im ersten Aquarium wimmelte es von Krebsen und Hummern. Das fehlte mir gerade noch! Ich hatte das Gefühl, als würde ich Vassílis' Finger zerquetschen. Meine andere Hand krampfte sich um die Kamera. Garnelen mochte ich als Gaumenschmaus, doch vor den Viechern mir gegenüber brach mir der kalte Schweiß aus. Schließlich war ich als Kind während eines Ostseeurlaubs plötzlich in einen Krebshaufen geraten. Unachtsam war ich am Strand umhergelaufen. Mit ihren Scheren nagten sie an meinen Zehen. Die Furcht hatte ich bis dato nicht überwunden. Jedes Mal schauderte es mich, wenn ich die kleinen Monster erblickte.

»Siehst du, alles halb so schlimm«, versuchte mein Liebster, mich zu beruhigen, und schlenderte zum nächsten Becken, das hinter einer Biegung lag.

Verstohlen schielte ich um die Ecke, bevor ich mich näher herantraute. Vor Schreck zog ich kräftig an Vassílis Arm, sodass er das Gleichgewicht verlor und ich seine Hand loslassen musste.

Als er wieder sicher auf den Beinen stand, wandte er sich mir zu. »Sollen wir rausgehen?«

Heftig schüttelte ich den Kopf und deutete auf das Fischbecken. Er drehte sich um, und dann standen wir verblüfft da. Zahlreiche Besucher gingen an uns vorbei, zückten ihr Handy und fotografierten die Meereswelt. So, als wäre das, was sie zu sehen bekamen, völlig normal.

»Wahnsinn!«, rief Vassílis und trat näher an die Scheibe. Ich folgte ihm vorsichtig, hielt jedoch Abstand. »Das musst du unbedingt fotografieren!«

Ich nickte ihm zu, fühlte mich außerstande, die Kamera zu betätigen.

Unfassbar!

Da schwamm gerade ein zwei Meter langer grauer Hai an uns vorbei. Er trug ein Headset. Das Handy lag auf seiner Flosse.

Cool!

Ein silberfarbener Fischschwarm zog an unseren Augen vorüber, angeführt vom Gruppenleiter, der ein Schild hochhielt. *Gruppe 4* stand darauf geschrieben. Mit umgehängten Digitalkameras folgte ihm seine Truppe und verschwand in einer Grotte.

Im Hintergrund schwamm ein kleinerer Hai, heftig mit den Flossen gestikulierend. Es sah aus, als beschimpfte er einen Stachelrochen, der lässig auf einem Felsvorsprung ruhte und Zeitung las.

»Hast du Fotos gemacht?«

»Nein.« Unbewegt blieb ich auf der Stelle stehen.

»Schau mal, die habe ich alle aus dem Meer gefischt. In der Zwischenzeit sind sie natürlich gewachsen.« Vassílis zeigte auf eine Ansammlung von Fischen, die sich um einen Konferenztisch herum bewegten. Ein riesiger Flachbildschirm schwebte frei im Becken und übertrug die Börsennachrichten. Mein Blick wanderte zurück zum Tisch. Mit der Flosse schlug abwechselnd der eine oder andere Fisch auf die Aluminiumplatte. Beim größten Broker vibrierten unnatürlich heftig die Kiemen, ein schmaleres Exemplar hyperventilierte, wenn rote Zahlen aufflackerten. Das Faxgerät im Hintergrund warf unaufhörlich Papier aus. Geschäftig tauchte eine Streifenbrasse zwischen Gerät und Tisch hin und her.

Langsam löste ich mich aus meiner Starre und trat

näher an die Glasscheibe. Was ich dort sah, übertraf meine ohnehin lebhafte Fantasie bei Weitem. Technologie vom Feinsten, verankert in einer Unterwasserwelt. Schnell versteckte ich meine Minolta unter der Jacke.

Vassílis bemerkte es. »Was machst du da?«

»Ich ... ich kann doch nicht mit so einem alten Ding fotografieren.«

»Wieso?«

»Die Fische sind weitaus besser ausgestattet.«

»Das ist verständlich, das Fischinstitut möchte zahlreiche Besucher anziehen. Der Bau hat einige Euros gekostet, die müssen wieder reinkommen.«

»Sei ehrlich, findest du es normal, dass Meerestiere Rechner, Fax, Handy, TV, schnurlose Telefone haben? Das erinnert mich mehr an Disneyworld.«

Er zuckte mit den Schultern. »Mach jetzt Bilder, sonst stehen wir morgen noch hier.«

Ich nickte, sah mich nach allen Seiten um, zog die Kamera wieder hervor und knipste den ersten Film voll. Meine Familie und Freunde sollten das hier zu sehen bekommen. Die würden mich für verrückt erklären, wenn ich nur davon erzählen und keine Beweise liefern würde.

Vor lauter Staunen war meine Angst verschwunden. Wir gingen weiter in der wenig beleuchteten Halle umher. Erwartungsvoll spähte ich ins nächste Becken.

Langusten! Ausgewachsen und von enormer Größe. Bei diesem Anblick breitete sich sofort die mir wohl bekannte Gänsehaut aus und ich blieb mit Sicherheitsabstand vor der Glasscheibe stehen. In einer Ecke, unter einem Felsvorsprung, fiel mir ein noch grandioseres Exemplar auf. Mister Ungeheuer tippte auf einem Laptop. Von Neugier getrieben, traute ich mich näher heran und erkannte, dass die Languste im Internet auf Seiten für Boote surfte.

Ob sie sich ein Segelboot ...? Das war mir zu viel des Guten und ich kniff mich in den Arm, um festzustellen, ob ich träumte. Verdammt! Das tat weh.

Ich machte einen Schnappschuss. Danach versuchte ich, Vassíllis einzuholen, der in der Zwischenzeit weitergegangen war. Er beobachtete gerade eine Fischart, die ich gerne angerichtet auf dem Teller gesehen hätte. Seelenruhig zogen die Meeresbewohner ihre Runden und Vassílis konnte sie alle benennen. Luft wurde ins Wasser geblasen und es entstanden kleine Wellen. Doch diese großen Fische konnte nichts aus der Fassung bringen. Am allerwenigsten die Gartenzwerge, mit denen ihre Umgebung ausstaffiert war.

Hobbyfischgärtner im Ruhestand, ging es mir durch den Kopf, und ich konnte mein Lachen nur schwer unterdrücken.

Grelles Scheinwerferlicht im nächsten Becken, in dem weiß schimmernde Quallen schwebten, schuf eine Beleuchtung wie bei einer Modenschau. Eine Kamera war auf ein männliches Seepferdchen gerichtet. Man erkannte, dass es kurz vor der Niederkunft stand. Mit Diktiergeräten bewaffnete goldfarbene Fische, wahrscheinlich Sensationsreporter, bildeten einen Halbkreis um das Tier.

Wir gingen weiter. Ein ansehnlicher brauner Fisch drehte einige Runden vor einem Bankautomaten. Ich erschrak, als ich ganz in seiner Nähe eine Muräne erblickte. Endlich kannte ich wenigstens einen Fisch namentlich. Versteckt in einem Erdloch lauerte sie auf ihren Angriff. Wie im Horrorfilm! Plötzlich schnellte sie mit weit aufgerissenem Maul hervor.

Ich gab einen ohrenbetäubenden Schrei von mir. Schweißgebadet wurde ich wach und sah mich nach dem Untier um.

Vassílis strich mir beruhigend über den Rücken. »Ganz ruhig. Du hast nur schlecht geträumt.«

Ich saß aufrecht im Bett, während er die Fensterläden öffnete und den Morgen hereinließ.

»Du siehst blass aus.« Besorgt sah er mich an.

Vom ersten Schreck erholt, schlug ich wütend die Decke zurück und sprang auf. »Du glaubst nicht, was für wirres Zeug ich geträumt habe.«

»Was denn?«

Ich erzählte ihm mein kurioses Abenteuer.

»Wie kann man nur so etwas träumen?«

»Wahrscheinlich weil ich gestern wieder vor dem Schlafengehen gegrübelt habe. Mein Rechner ist abgestürzt. Ich falle ständig über das Telefonkabel, habe kein Handy, geschweige denn eine Digitalkamera, und unser Fernseher pfeift aus dem letzten Loch.« Ich lief im Zimmer umher und fuchtelte mit den Armen.

»Darüber machst du dir Gedanken?«

Ich nickte.

Auf einmal spürte ich Vassílis' Hand auf meiner Schulter. Er drehte mich zu sich um.

»Geórgios kann deinen Rechner sicherlich in Ordnung bringen. Für das Telefonkabel finde ich eine Lösung und zu deinem Geburtstag bekommst du ein Handy. Einverstanden?« Er sah mich liebevoll an.

Sicher, ich hatte mich über den PC-Absturz aufgeregt, weil ich keine Briefe und Geschichten mehr schreiben konnte, doch in diesem Moment merkte ich, dass alles unwichtig war. Schließlich gab es für jedes Problem eine Lösung. Zärtlich küsste ich Vassílis.

»Und nun mach dich fertig, wir wollten doch heute ins Aquarium«, sagte er und gab mir einen leichten Stups in Richtung Bad.

Auf dem Weg dorthin überlegte ich, in welchem Schrank ich meine alte Minolta verstaut hatte.

*Bohnensalat**

FÜR 2 PERSONEN

200 g weiße Bohnen
1 große Zwiebel
1 rote Paprikaschote
1 grüne Paprikaschote
3 mittelgroße, sonnengereifte Tomaten
10 schwarze Oliven
2 gekochte Eier
½ Tasse Olivenöl
¼ Tasse Balsamicoessig
Salz, Pfeffer

Bohnen über Nacht in Wasser einweichen. Am folgenden Tag weich kochen, abkühlen lassen.

Zwiebel, rote Paprika, grüne Paprika waschen, in dünne Streifen schneiden. Tomaten waschen, würfeln. Mit den Oliven und den Bohnen in eine tiefe Schüssel geben, mit Salz und Pfeffer würzen. Olivenöl mit Essig sämig rühren, über den Salat geben. Mit in Scheiben geschnittenen Eiern garnieren.

*Garnelen in Zitronen-Ölsoße **

FÜR 4 PERSONEN

1½ bis 2 Kilo frische oder tiefgekühlte Garnelen
1 Teetasse Wasser

Für die Zitronen-Ölsoße

½ Tasse Olivenöl
Saft von 2 Zitronen

Die Garnelen mit 1 Teetasse Wasser in einer Pfanne kochen, bis das Wasser verdunstet ist. In der Zwischenzeit Öl mit dem Zitronensaft vermengen, kräftig schlagen, bis eine cremige Flüssigkeit entsteht. Über die Garnelen gießen und sofort servieren.

Melomakárona (Honiggebäck)

2 Tassen Olivenöl
1 Tasse Zucker
2 gestrichene Teelöffel Backpulver
1 Teelöffel Soda
8 Esslöffel Orangensaft
1 Esslöffel Zimt
8 Tassen Mehl
1 Tasse Walnüsse (gehackt)

Olivenöl, Zucker kräftig schlagen. Im Orangensaft die Soda auflösen, Backpulver, Zimt und Mehl zur Masse geben. Gut vermengen. Den Teig in kleine eiförmige Brötchen formen. Auf ein Backblech (Backpapier) legen. Bei 180 Grad 50 Minuten backen. Abkühlen lassen. Dann die Melomakárona in eine tiefe Form geben.

Sirup

2 Tassen Honig
2 Tassen Zucker
2 Tassen Wasser
3 Esslöffel Sesam

Honig, Zucker, Wasser erhitzen und unter Rühren sämig werden lassen. Wenn der Sirup abgekühlt ist, über die kalten Melomakárona geben. Sesam mit den Walnüssen mischen und damit die Süßspeise bestreuen.

Erlebnisreicher Tag

Dieses Mal war es Herbst, als unsere Freunde zu Besuch kamen. Die Bauern warteten auf den ersehnten Regen nach einer monatelangen Hitzeperiode, die das Erdreich ausgetrocknet hatte und die Vegetation verdorren ließ. Die Olivenbäume brauchten dringend ausreichend Wasser, damit die Früchte vor der Ernte einen Wachstumsschub bekamen.

»Meinst du, es kommt Wind auf? Dein Mann hat es vorhin angedeutet.« Natalie strich sich mit dem Messer Auberginensalat aufs Brot.

Wir saßen in Geórgios' Taverne und verspeisten die letzten Reste der *Moussaka*. Natalie mochte den Auflauf besonders gern, der zu gleichen Teilen aus Auberginen und Kartoffeln bestand. Durch das gebratene Gehackte und die Tomatensoße kam es zu einem herzhaften Einklang mit dem Gemüse. Die Bechamelcreme mit dem salzigen Schafshartkäse rundete das Gericht ab.

Ich sah zum Himmel. »Nicht ein Wölkchen.«

In Ruhe genossen wir das Essen und beobachteten unsere Ehemänner, die mit der Fernsteuerung am Kai standen. Jánnis hatte mal wieder sein Segelboot mitgenommen. Die Dáfni schipperte übers Meer. Eine Horde Kinder hatte sich dazugesellt und Jánnis erklärte ihnen die Handhabung.

»Natalie, heute Nachmittag habe ich mich vielleicht erschrocken. Ich lag in der Hängematte und las einen Thriller«, erzählte ich. »Super spannend und ich wartete darauf, dass der Vampir zubiss. In dem Moment sprang Kater Meicky hoch und landete auf meinem Bauch. Ich schrie laut auf. Die Nachbarn auf dem gegenüberliegenden Berg haben mich bestimmt gehört und gedacht, mich murkst jemand ab. Als ich aufstand, sah ich Panajótis. Er schaute aus seinem Wohnzimmerfenster und winkte mir zu.« Bei der Vorstellung an das Erlebte konnte ich mich nur schwer zurückhalten, nicht loszulachen. Besonders, als ich das Bild von Kater Meicky wieder vor Augen hatte, der mit gesträubtem Haar und wie zu einer Flaschenbürste aufgeplustertem Schwanz im Gebüsch verschwand.

»Immerhin beruhigend, dass es kein Vampir war. Und wir bleiben heute hoffentlich von Angst einflößenden Ereignissen weiterhin verschont.« Natalie schmunzelte. »Sollen wir ein Stück laufen? Ich bin so voll, dass ich gleich platze.« Sie strich sich über den Bauch.

»Ich sag den Männern Bescheid.« Ächzend stand ich auf und ging hinunter zum Anlegeplatz.

Nachdem die Fischer vergeblich warteten, dass endlich ein sicherer Hafen erschaffen wurde, hatten sie bei einer Nacht- und Nebelaktion eine kleine ins Meer ragende Mole gebaut, damit sie von dort ihren Fang direkt an die Tavernen verkaufen konnten.

Die Fischerboote schaukelten am Kai, während die Dáfni müde Runden um die Bojen zog. Weder Jánnis noch mein Liebster beachteten mich, als ich ihnen mitteilte, dass Natalie und ich einen Verdauungsspaziergang machen wollten. Die beiden würden uns nicht vermissen, sie hatten genug damit zu tun, den Ansturm der Kinder zu bewältigen.

Kurz darauf spazierten meine Freundin und ich an der Felsküste entlang. Die unasphaltierte Straße führte aus dem Dorf hinaus. Autos, die zum einzigen Parkplatz fuhren, wirbelten heftig Staub auf. Wir kamen gerade am letzten Haus vorbei, als Natalie mich auf etwas aufmerksam machte.

Sie zeigte aufs Dach. »Da! Eine schwarze Katze! Kein gutes Zeichen.«

Bevor ich das Tier entdecken konnte, war es bereits vor ihr auf dem Boden gelandet. Natalie bückte sich und streichelte die Katze. Sofort fing sie zu schnurren an. Sie schloss sich uns an und wir gingen zu dritt weiter. Rechts von uns schlugen Wellen sanft an die Felsen. Wir bogen ab in einen ausgetrockneten Flusslauf.

»Kommt es dir hier auch windiger vor als eben in der Taverne? Guck mal, wie sich der Bambus biegt!« Natalie deutete auf die Halme. Sie blieb stehen und schaute zum Himmel. »Und wo kommen auf einmal die dunklen Wolken her?«

»Im Herbst schlägt das Wetter schnell um. Lass uns lieber zurückgehen. Wo ist die Katze?«

»Sie ist vorhin ins Gebüsch gesprungen. Ich bin froh, sie war schließlich schwarz. Und du weißt ja ...«

Ich wusste. Natalie und ihren Aberglauben kannte ich seit unserer Kindheit zu Genüge.

Der Wind war stärker geworden, die Wellen prallten an die Felsen und wurden schäumend ins Meer zurückgezogen. Wir beschleunigten die Schritte, da es sich über unseren Köpfen in Windeseile zuzog. Wir hatten gerade die Taverne erreicht, als es zu regnen anfing.

Natalie atmete tief durch. »Das ist ganz schön gruselig. Einen solchen Wetterumschlag habe ich auf dem Festland noch nicht erlebt.«

Wir fanden Schutz unter dem Tavernendach; dort hielt sich Jánnis auf.

»Wo ist Vassílis?«, fragte ich und ließ meinen Blick über die Mole schweifen.

Jánnis hielt die Fernsteuerung in der Hand und wies damit aufs offene Meer. In der Ferne sah ich meinen Mann in seinem kleinen Holzruderboot.

»Was ist passiert?« Natalie zog sich die Jacke über.

»Der Akku ist leer.«

»Und jetzt?«

»Vassílis rudert raus, um die Dáfni ...«

»... zu retten? Sieh doch ...« Natalie zeigte in Vassílis'

Richtung. Sein Oberkörper war nach vorne gebeugt und er kämpfte gegen die aufkommenden Wellen an. Sie schwappten bereits über den Bug.

»Ich muss die Dáfni im Auge behalten«, meinte Jánnis.

»Und dein Freund? Wenn er ertrinkt, ist dir das egal?«

»Natürlich nicht. Vassílis kann schwimmen, oder, Doris?« Er blickte mich verunsichert an.

Ich nickte und beobachtete gespannt, wie mein Bötchenretter sich abmühte, die Dáfni einzufangen. Nach mehreren Versuchen hatte er sie endlich, hob das Boot an Bord und ruderte zurück an Land. Er zerrte die Barke einige Meter über den Kieselstrand, damit sie nicht ins Meer zurückgezogen wurde. Trotzdem züngelten die Wellen an ihr. Vassílis nahm die Leine und band sie an die Duschvorrichtung, die am Strand für die Badegäste stand. Er kontrollierte, ob die Knoten fest saßen, dann kam er auf uns zu.

Jánnis bedankte sich bei ihm und nahm die Dáfni in Empfang. »Ich wasche sie sofort mit Süßwasser ab.«

»Noch mal gut gegangen.« Triefend nass wischte sich Vassílis übers Gesicht.

»Du solltest deine Kleidung wechseln«, meinte ich. Unter ihm bildete sich eine Lache. Ich wandte mich meiner Freundin zu. »Natalie, fahrt ihr auch heim?«

»Sobald Jánnis seine Dáfni trocken gelegt hat. Spielen wir heute Abend noch Karten?«

»Wenn wir rüberkommen, ruf ich dich vorher an«, antwortete ich, schon im Gehen, und winkte ihr zu.

Auf dem Parkplatz zog Vassílis Hose und T-Shirt aus und verstaute die Sachen im Kofferraum. Er nahm einen Jutesack heraus, bedeckte damit seine Blöße.

»Damit die Sitze nicht nass werden.« Barfuß fuhr er los.

Tiefe Pfützen hatten sich auf der Straße gebildet. Beim Durchfahren spritzte das Wasser, einer Fontäne gleich, zu allen Seiten. Als wir vor unserem Haus ausstiegen, stürmte es heftig, sodass die unreifen Früchte von den Olivenbäumen fielen.

Mein Mann verschwand stracks unter die heiße Dusche. Gerade wollte ich ihm trockene Kleidung aus dem Schlafzimmer holen, als ich ein mir unbekanntes Geräusch vernahm.

»Vassílis?«

Statt seiner Antwort, hörte ich ihr Zischen, sah, wie sie züngelte, während sie sich über die Türkante schlängelte.

»Vassílis!«, schrie ich hysterisch und ließ meinen Blick nicht von ihr ab. »Eine Schlange!«

Es kam mir vor, als würde sie mich mit ihren Augen fixieren und nur darauf warten, ihr erstarrtes Opfer anzugreifen. Ich traute mich nicht, mich zu bewegen und atmete in kurzen Zügen.

»Ich dusche«, kam endlich Antwort aus dem Bad.

»Du kommst sofort her! Von mir aus nackt!«

Weiterhin stand ich wie versteinert da. Es kam mir ewig vor, bis Vassílis endlich erschien. Er hatte sich ein

Handtuch um die Hüften gewickelt. Schaum lief ihm in die Augen, den er halbherzig wegwischte.

»Deswegen hast du mich gerufen? Pack sie und ab damit in den Garten!«

Bei seinem Erscheinen hatte die Schlange ihre Aufmerksamkeit auf ihn gelenkt, sodass ich mich einen Schritt zurück wagte.

»Ich fasse das Ding nicht an. Was ist, wenn sie mich beißt?«

»Aber ich soll sie wegtun, ganz egal, ob sie zuschnappt«, meinte er und lächelte mich an.

Mir war nicht nach Lachen zu Mute, ich wollte, dass die Schlange auf der Stelle verschwand.

»Auf Kreta gibt es keine giftigen Schlangen.«

Statt mich aufzuklären, hätte er sie längst wegschaffen können. Aber nein, lieber amüsierte er sich über meine Ängstlichkeit.

»Sei dir da mal nicht so sicher«, murmelte ich und beobachtete, wie er das Untier endlich packte und in den Vorgarten trug. Bei ihm züngelte sie kein einziges Mal. Der Schlangenflüsterer? Oder war es ihr bei dem Griff unmöglich? Egal, Hauptsache sie war aus meinem Blickfeld und ich konnte mich wieder frei im Haus bewegen.

»Darf ich mir nun den Schaum abspülen und mich anziehen?« Vassílis nahm mir die Kleidungsstücke ab, die ich die gesamte Zeit fest vor meiner Brust gehalten hatte.

Ich nickte gnädig.

Nach dem überstandenen Abenteuer setzten wir uns ins Wohnzimmer.

»Ziemlich stürmisch geworden«, meinte ich. Der Wind pfiff durch alle Ritzen. Ich legte von innen ein zusammengerolltes altes Handtuch an die Türschwelle. »Ich rufe Natalie an, dass wir zum Karten spielen kommen.«

Ohne Vassílis' Zustimmung abzuwarten, wählte ich die Nummer. Die Leitung war tot. Nach mehrfachen Versuchen gab ich es auf.

Mein Mann hatte es sich auf der Couch bequem gemacht und zündete sich eine Zigarette an.

»Kein Freizeichen.«

»Der Sturm wird die Leitung beschädigt haben. Heute Nacht wird es noch schlimmer.«

»Der Tag ist für mich gelaufen.« Ich fing an, mich auszukleiden.

»Die beiden werden auf uns warten.«

»Ich habe Natalie gesagt, wenn wir kommen, würde ich vorher anrufen. Das kann ich nicht, also kommen wir auch nicht.«

»Bist du sicher, das hat sie so verstanden?«

»Ja«, antwortete ich auf dem Weg ins Bad.

Im Bett lauschte ich dem Sturm, der übers Dach fegte und unheimliche Geräusche erzeugte. Am Haus, das in der Nähe von unserem lag und oft nur am Wochenende bewohnt wurde, hatte sich eine Lade geöffnet und schlug bei jedem Windstoß gegen das Fenster. Es goss in

Strömen. Keine Chance, um hinauszugehen und dem Geklapper ein Ende zu bereiten. Ich schaltete das Licht aus und fiel in einen traumlosen Schlaf.

»Doris?«

Ich hörte ein Klopfen, schreckte hoch und saß kerzengerade im Bett.

»Ja«, flüsterte ich in die Dunkelheit.

Wieder ein Klopfen.

»Ich bin's, Natalie. Können wir bei euch schlafen?«

Ich sprang aus dem Bett und lief zur Haustür, doch da stand schon Vassílis und öffnete sie.

»Was ist passiert?«, fragte er und fuhr sich durchs Haar. Er musste wohl auf der Couch eingeschlafen sein.

Natalie trat ein, bepackt mit Kissen und Decken. Jánnis tauchte hinter ihr auf; er trug sein Modellsegelboot im Arm.

»Bei uns oben stürmt es heftig. Natalie befürchtet, die Türen und Fenster fallen aus ihren Verankerungen. Ist natürlich Quatsch, doch sie hatte Angst und wollte unbedingt zu euch. Zum Glück hat es im Moment aufgehört zu regnen.«

Jánnis setzte sich auf einen Küchenstuhl, stellte die Dáfni auf den Tisch.

»Was für ein Tag«, stöhnte ich.

»Ich glaube, das war die Katze. Die ist an allem Schuld.« Natalie presste sich ein Kissen vor die Brust.

»Du meinst, weil Meicky in die Hängematte kam? Der wollte doch nur schmusen.«

»Ich spreche von der schwarzen Katze, die im Dorf vom Dach sprang. Das war kein gutes Zeichen.«

Ich ging nicht darauf ein, sonst würden wir die halbe Nacht diskutieren.

»Kommt, wir trinken einen Raki.« Ich holte Gläser aus dem Schrank und schenkte ein. »Sag mal, Jánnis, wieso hast du denn die Dáfni mitgebracht?«, fragte ich.

»Vassílis hat erzählt, wenn's länger regnet, füllt sich das Flussbett mit Wasser, und da dachte ich ...«

Zack! Wir saßen im Stockdunklen. Der Strom war ausgefallen. Natalie stieß einen Schrei aus. Ich tastete mich zum Regal, auf dem für Notfälle immer Kerzen lagen. Zündete einige an. Bei sanftem Schein erzählten wir uns Horrorgeschichten, tranken ein ums andere Gläschen Schnaps und knabberten Nüsse dazu. Es wurde spät, ehe wir endlich alle in den Betten lagen. Unsere Freunde schliefen in Aléxandros' Zimmer; er selbst würde uns erst wieder am Wochenende besuchen.

Der Morgen empfing uns windstill und sonnig. Bald würde das Erdreich wieder trocken sein. Jánnis stand seine Enttäuschung ins Gesicht geschrieben. Im Flussbett hatten sich nur kleine Pfützen gebildet. Somit konnte er seine Dáfni nicht segeln lassen. Dafür freuten sich die Olivenbäume über die lang erhoffte Wassergabe.

Auberginensalat*

600 g Auberginen
2 Esslöffel Olivenöl
1 Teelöffel Zitrone
1 mittelgroße Zwiebel
2 Knoblauchzehen

Die Auberginen in einer heißen Pfanne so lange drehen, bis die Haut anfängt, braun zu werden. Danach die Haut abziehen.

Die dampfende Gemüsemasse mit einem Messer zerhacken, in eine Rührschüssel geben. Mit einem Holzlöffel kräftig durcharbeiten. Dabei Öl, Zitrone und Salz hinzugeben. Sobald die Masse einen seidigen Glanz erhält, die abgezogene, feingehackte Zwiebel, die zerdrückten Knoblauchzehen unterrühren. Zu Mus verarbeiten.

Den Salat entweder warm oder kalt servieren.

Moussakás (Auberginenauflauf)

FÜR 4 PERSONEN

3 große Auberginen
½ bis ¾ Kilo Gehacktes (halb und halb oder nur Rind, nur Schwein, nur Lamm)
1 Kilo Kartoffeln
1 große Zwiebel
10 Tomaten (saftige) oder 1 bis 2 Dosen Tomatenstücke
½ Tasse Olivenöl
Salz

Auberginen in 1 cm dünne Längsstreifen schneiden. Abtupfen, gut salzen. Olivenöl erhitzen und die Auberginen darin braun braten. Auf ein Rost legen, abtropfen lassen. Kartoffeln schälen, in dünne runde Scheiben schneiden. Im gleichen Olivenöl braten, abtropfen lassen. Zwiebel klein schneiden, in 5 Esslöffel Olivenöl braun braten. In der Zwischenzeit Tomaten halbieren, über einer Reibe entsaften. Schale wird nicht mehr gebraucht. Gehacktes gut würzen und zur Zwiebel geben. Mit dem Kochlöffel zerkleinern, sodass kleine Bröckchen entstehen. Braun braten, dann Tomatensaft hinzugeben und nochmals 5 Minuten aufkochen.

Kartoffeln, Gehacktes, Auberginen schichtweise in eine tiefe Auflaufform geben. Jede Schicht gut würzen! Zur Seite stellen, dann die Béchamelsoße zubereiten.

Die Zubereitung dauert 2 bis 2½ Stunden

Béchamelsoße auf griechische Art

1 Dose Büchsenmilch
150 bis 200 g Käse – Parmesankäse oder klein geraspelten Hartkäse vom Schaf, der beim Erhitzen nicht zusammenklebt
4 Esslöffel Olivenöl
4 Eier
Paniermehl
3 Esslöffel Mehl
½ Tasse Wasser (nach Bedarf)
Salz, Pfeffer
Prise geriebene Muskatnuss (nach Bedarf)

Auf kleiner Stufe Öl erhitzen, Mehl darüber pudern, braun werden lassen. Ein wenig Wasser hinzugeben und mit dem Schneebesen schnell umrühren, damit keine Klümpchen entstehen. Unter ständigem Rühren erst Büchsenmilch, danach Käse hinzugeben. Vorsichtig salzen, da der Käse oft schon genug Würze enthält. Die Masse muss dickflüssig sein. Ist sie zu dünnflüssig, Mehl hineinsieben und umrühren. Eier komplett hinzugeben, umrühren, kurz aufköcheln. Immer wieder umrühren auch beim Aufkochen!

Soße auf den Auflauf verteilen, eine circa 5 bis 8 cm dicke Schicht. Paniermehl darüber streuen. In den Ofen schieben und 25 Minuten bei 180 bis 200 Grad garen. Wird das Paniermehl braun, ist der Auflauf fertig. Bei längerer Ofenzeit mit Alufolie abdecken, damit die obere Schicht nicht verbrennt. Danach im Ofen abkühlen lassen. Lauwarm servieren. Am besten schmeckt Moussakás, wenn es durchgezogen ist. Zum Anrichten auf dem Teller wird sie zuvor in 10 cm dicke Stücke geschnitten.

Tiramisu

500 g Mascarpone
200 g Zucker
4 Eigelb
¾ Tasse Espresso
1 Schnapsglas Amaretto (Mandellikör)
1 Päckchen Löffelbiskuit
2 Esslöffel Kakao

Mascarpone, Zucker, Eigelb mischen. Acht Minuten auf höchster Stufe schlagen.

Den Boden einer tiefen Form mit der Hälfte der Löffelbiskuits auslegen. Zwei Drittel vom Espresso langsam darauf verteilen. Die Hälfte der Mascaponemasse darauf geben. Rest der Biskuits zerbröckeln, verteilen, Rest Espresso darüber geben, restliche Masse darauf verteilen. Glatt streichen. Kakao durch ein Sieb gleichmäßig darüber streuen. Tiramisu ½ Tag vor dem Servieren kühl stellen.

Begegnung

An einem Spätnachmittag im September suchte ich mit einem jungen Mann an meiner Seite Geórgios' Taverne auf. Dort saß Vassílis auf einem der Holzstühle, mit Blick aufs Meer, und bereitete sich auf den nächsten Fischfang vor.

Er zog gerade einen Köder aus der Tüte, hängte ihn an den Haken und legte ihn in den Weidenkorb, der vor ihm stand.

»Ich bringe dir Besuch«, sagte ich und freute mich, ihn mit meiner Begleitung zu überraschen.

»Jássu!«, grüßte der Mann freundlich.

Vassílis blickte auf. »Jássu.«

»Darf ich mich vorstellen? Paul Lang. Ich bin Journalist bei der Zeitschrift *Kreta-Sun*. Wir berichten im nächsten Monat über Fischer. Es würde mich freuen, wenn Sie mir von einem Erlebnis auf dem Meer erzählen würden.«

»Setz dich, Paul.« Vassílis wischte sich die Hände an

der Jeans ab und nahm eine Zigarette aus der Brusttasche seines Hemdes. »Rauchst du?«

»Nein, danke«, antwortete der Journalist.

»Kann ich zuhören?«, fragte ich.

»Aber sicher.« Paul rückte mir einen Stuhl zurecht.

»Und später bleiben Sie zum Mittagessen.«

»Danke für die Einladung.« Er bückte sich und holte ein Aufnahmegerät aus seiner Aktentasche hervor.

»Was gibt's denn heute?«, fragte Vassílis.

»Hähnchenfilet.«

»Mit Pilzen und reichlich Zwiebeln?«

»Natürlich, ganz so, wie du es magst«, sagte ich schmunzelnd.

Zufrieden zog Vassílis an der Zigarette, lehnte sich zurück und schob die Schirmkappe ein wenig in die Stirn.

»Möchtest du eine außergewöhnliche Geschichte hören, Paul?«

»Gern. Darf ich den Rekorder anstellen?«

Vassílis nickte. »Es ist ein paar Jahre her. Ich war jung und fing gerade mit der Fischerei an. Diesen Korb hatte ich damals mit an Bord. Die Köder hingen an den Haken und ich schipperte mit dem Boot dort hin.« Er zeigte in die Richtung, in der sich eine unbewohnte Insel befand.

In ihrer Nähe legten Fischer Köder aus, Urlauber segelten die Bucht an, um im türkisblauen Wasser abzutauchen. Jäger fuhren während der Jagdsaison mit ihren Hunden hinüber und hofften darauf, einen Hasen zu erlegen. In den Wintermonaten war die Insel besonders begehrt wegen der wild wachsenden Artischocke, einer Delikatesse für diese Region.

Vassílis sprach weiter: »Der Tag verhieß schönes Wetter.«

»Bist du allein hinausgefahren?«

»Ja.«

»Übrigens, darf ich dich und deine Frau zu einem Glas Wein einladen?«

»Für mich bitte einen Frappé«, antwortete Vassílis.

»Ein frisch gepresster Orangensaft wäre mir lieber. Und sag ruhig Doris zu mir.«

Paul nickte, winkte dem Kellner und gab die Bestellung auf. Kurz darauf vertiefte er sich wieder ins Gespräch mit meinem Mann. Ich schlug die Beine übereinander und lehnte mich im Stuhl zurück.

»Ich ließ die Boje mit dem Blinklicht zu Wasser, die den Anfang der Köderleine anzeigte, damit ich sie bei Dunkelheit wiederfinden konnte, und legte zwei Kilometer Fangleine aus. Am Ende eine weitere Blinkboje. Bis zum Einholen hieß es warten.«

»Was hast du in der Zwischenzeit gemacht?«

»Ich fuhr zurück ins Dorf und setzte mich zu den Fischern.«

»Und wann bist du wieder rausgefahren?«

»Die Sonne versank gerade am Horizont. Ich fuhr zum Auslegeplatz. Meine Boje befand sich nicht mehr am ursprünglichen Ort. Die Strömung wird sie verschleppt haben, dachte ich. Das kommt häufig vor. In der Ferne machte ich einen Schatten aus, der sich hin und her bewegte. Irgendetwas hatte sich in der Leine verfangen.«

»Konntest du erkennen, was es war?«

»Nein, darum stieg ich ins Beiboot. Da sah ich einen weiteren Schatten unter der Wasseroberfläche. Einen Delphin. Ich ruderte auf die Boje zu und erkannte, dass ein zweiter Delphin von dem Seil, das sich um seinen Schwanz gewickelt hatte, am Entkommen gehindert wurde.«

»Hattest du keine Angst?« Paul schaute ihn erstaunt an.

»Nein. Ich ruderte, bis ich die Leine mit der Hand erreichte, und schnitt sie durch. Der Delphin war frei. Beide Tiere umrundeten einmal das Boot und verschwanden zügig. Ich paddelte zurück zum Schiff.«

»Das war alles?« Paul schaltete den Rekorder ab.

»Die Geschichte ist noch nicht zu Ende.« Vassílis beugte sich vor und drückte den Knopf des Aufnahmegerätes. Paul lächelte.

»Es dauerte ewig, bis ich die Leine eingeholt hatte, weil sie sich an Steinen auf dem Meeresboden verfangen hatte. Ich plagte mich damit ab, meine Hände schmerzten vom Ziehen der Nylonschnur, die ins Fleisch schnitt. Ich ärgerte mich, dass nach all der Anstrengung kein Fisch am Haken hing. Dabei bemerkte ich nicht, dass sich dunkle Wolken zusammenzogen. Als ich es donnern hörte, Wind aufkam und sich leichter Regen einstellte, war es zu spät, zum Liegeplatz an der Mole hier im Dorf zu gelangen.« Vassílis hielt inne. Er rückte seine Kappe gerade.

Ich griff zum Saftglas, sah gespannt zu ihm hinüber. Ihm schien die Geschichte noch heute nahe zu gehen. Als Fischer war ihm natürlich bekannt, wie schnell sich das Wetter ändern konnte. Doch wahrscheinlich hatte er damals wegen der mühseligen Arbeit mit der Fangleine vergessen, darauf zu achten.

»Plötzlich schlugen Blitze ins Meer, erhellten den Himmel für wenige Sekunden. Das Boot schaukelte gefährlich, sodass ich mich damit nur langsam fortbewegen konnte. Die Gischt schlug mir ins Gesicht und erschwerte die Sicht aufs Land.«

»Wie ging es weiter?«, fragte Paul.

»Eine kleine Küstenbucht lag näher als mein ursprünglicher Ankerplatz. Auf einmal setzte Platzregen ein, die Wellen schlugen über dem Vorderdeck zusammen. Das Ruder war kaum zu halten. Die Augen konnte ich nur zu einem Spalt öffnen.«

»Hattest du auch dort keine Furcht?«

Vassílis winkte ab.

»Da bemerkte ich einen Schatten auf der linken Seite des Bootes. Dieser Fisch hätte mein Fang sein können, dachte ich.«

»Woran konntest du im Dunkeln erkennen, dass es ein Fisch war?« Paul schaute ihn ungläubig an.

»Fische, die knapp unter der Wasseroberfläche schwimmen, geben bei Dunkelheit ein phosphoreszierendes Licht ab.«

Paul nickte.

»Auf der anderen Seite machte ich einen weiteren Schatten aus. Er tauchte kurz auf und ich erkannte – es war ein Delphin. Schnell schaute ich hinüber auf die linke Bootsseite – ein zweiter Delphin.«

»Denkst du, es waren die beiden von zuvor?«

»Da bin ich mir sicher. Ich spürte, wie ich durch ihr Geleit ruhiger wurde. Sie begleiteten mich bis zur Bucht. Als ich den Anker warf, schwammen sie einmal ums Boot herum und entfernten sich.« Vassílis trank einen Schluck Frappé. »Es kommt selten vor, dass Delphine sich in Leinen verfangen, eher in Netzen. Nach diesem Ereignis habe ich nie wieder mit Netzen gefischt, die diesen Meeresbewohnern gefährlich werden könnten, und strikt auf die Dichte der Fäden geachtet. Immer, wenn ich in eine schwierige Situation geriet, dachte ich an meine Retter.«

Während Paul den Rekorder abstellte und Vassílis gedankenverloren aufs Meer blickte, dachte ich, wie froh ich war, dass mein Mann damals seine Schutzdelphine neben sich gehabt hatte.

Zucchini-Puffer *

1 Kilo Zucchini
2 mittlere Zwiebeln
3 Knoblauchzehen
2 Eier
½ Tasse Reismehl (alternativ: Weizenmehl)
1 Tasse Olivenöl
Salz, Pfeffer

Zucchini waschen, reiben. Anschließend das Wasser gut ausdrücken. Würzen. Zucchinimasse, Eier, geriebene Zwiebeln, klein gehackte Knoblauchzehen, Mehl in eine Schüssel geben und gut kneten, bis ein dicklicher Teig entsteht. Wenn nötig, mehr Mehl nehmen. Olivenöl heiß werden lassen. Zucchinimasse pufferartig ins Öl geben, von beiden Seiten 2 Minuten im Öl goldgelb braten. Danach auf Küchenpapier kurz abtropfen lassen. Heiß Servieren.

Bei Verwendung von Reismehl frei von Gluten und Laktose.

Hähnchenfilet im Pilz-Zwiebelbett *

FÜR 4 PERSONEN

750 g Hähnchenfilet
4 mittelgroße Zwiebeln
3 Knoblauchzehen (nach Wunsch)
300 g sonnengereifte Tomaten
(als Ersatz: 1 Dose Tomaten in Stücke)
500 g frische Champignon
½ Tasse Olivenöl
½ Paniermehl – oder bei Glutenunverträglichkeit: Reismehl
1 Ei, Salz, nach Bedarf Pfeffer

Hähnchenfilet waschen, in 5 cm dicke Stücke schneiden, salzen. Öl im Topf erhitzen. Die Filetstücke ins aufgeschlagene Ei tunken, im Mehl wenden und im heißen Öl goldgelb anbraten. Nach und nach in kleine Stücke geschnittene Zwiebeln, Knoblauch und in Scheiben geschnittene Champignons hinzufügen, vorsichtig unters Filet heben, damit die Panade nicht abgeht. Auf kleiner Stufe köcheln lassen. In der Zwischenzeit Tomaten waschen, halbieren und über der Reibe den Saft ausreiben. In den Topf geben, salzen, circa 10 bis 15 Minuten köcheln lassen.

Bei Verwendung von Reismehl an Stelle von Paniermehl frei von Gluten und Laktose.

Verfeinerungsvorschlag

- Kleine Knoblauchstücke (2 bis 3 Zehen) gemeinsam mit den Zwiebeln in den Topf geben, dann die Pilze.

Beilagenvorschläge

- Brokkoli mit Zitronenölsoße (Saft einer Zitrone in Olivenöl aufschlagen und über den Brokkoli geben)
- Maiskolben
- Kartoffelpüree, Reis, frittierte Kartoffeln, gekochte Kartoffeln, Nudeln

Frappé

Frappé ist ein typisch griechisches Kaffee-Getränk und wird in den Sommermonaten gerne getrunken. Es wird wie folgt zubereitet:

3 gehäufte Teelöffel Nescafé-Frappé nach Wunsch mit Zucker in einen Shaker geben. 20 ml Wasser hinzugeben, Shaker schließen und kräftig schütteln. Danach in ein Longdrinkglas schütten, mit Eiswürfeln und Wasser auffüllen. Nach Bedarf Büchsenmilch hinzugeben.

Der Untergang

»Ich fühl mich müde, mir tun alle Kochen weh«, sagte Vassílis, als ich mit der Zeitung in der Hand ins Wohnzimmer kam.

Seine Wangen schienen eingefallen, auf der Stirn zeigte sich eine Sorgenfalte. Vassílis' Boot war vor drei Nächten bei einem gewaltigen Sturm gesunken. Ich konnte nachfühlen, was in ihm vorging.

»Heute ist mein Artikel erschienen.« Ich winkte mit dem Tagesblatt.

»Gib mal rüber.«

Ich reichte es ihm. Er legte es auf seinen Schoß und zündete sich eine Zigarette an, während ich mich neben ihm niederließ. Dann schlug Vassílis die Zeitung auf. Beide lasen wir schweigend.

Seit Generationen achteten die Fischer in einem Dorf im Nordosten der Insel Kreta auf ihre Boote. Bei Sturm saßen sie zusammen und beobachteten, wie die Boote vom Wind getrieben an den Ankern rissen. Es gab keinen sicheren Liegeplatz, die Barken waren den Launen des Wetters ausgesetzt. Im Sommer ankerten sie zwischen dem Festland und der kleinen gegenüberliegenden Insel. Für Urlauber idyllisch anzusehen, auf Postkarten verewigt. Im Winter holten die meisten, die nicht vom Fischfang lebten, ihre Boote an Land. Die verbleibenden Barken ankerten in einer kleinen Bucht weitab vom Dorf. Denn nur Einheimische wissen, wie gefährlich das Ankern vor Ort ist, wie schnell ein Boot sinken kann. Immer wieder sprachen die Fischer in den letzten vierzig Jahren von einem geschützten Liegeplatz. Sie warteten. In der Zwischenzeit gingen Fischer in Rente oder gaben ihre Fanglizenz ab. Die Verbliebenen zahlten ihre Steuern, kamen den Auflagen der Europäischen Union nach, je nach Fischart einen Tagesbericht niederzuschreiben und an die Hafenpolizei zu melden.

Eines Tages wurde der Wunsch nach einem Hafen erhört. Die Europäische Union stellte Gelder zur Verfügung. Außerhalb des Dorfes, in einer kleinen Bucht, wurde der Grundstein gelegt. Wieder folgten Jahre des Wartens. Der Bau ging nicht immer reibungslos über die Bühne, der erste heftigere Sturm zerstörte das Projekt. Es wurde umstrukturiert, die Fertigstellung verzögerte sich. Die Fischer standen täglich mit den Arbeitern zusammen, diskutierten, halfen und luden sie zum Essen ein. Bald waren die Hafenbauer aus dem Dorfleben nicht mehr wegzudenken und wurden bei einigen zu Freunden. Nach jahrelanger Planung und anschließender Fertigstellung war es geschafft. Seit wenigen Monaten lagen die Boote nun sicher vor Anker.

In der Nacht vom 29. Januar 2008 brauste ein Sturm mit Windstärke 11 bis 12 über die Insel. Fischer und Hobbyfischer hatten sich auf dem Berg gegenüber dem Hafen eingefunden. Der Zugang zu den Booten war bereits weggeschwemmt. Selbst gegen den Sturm und die eisige Kälte ankämpfend, standen die Männer vereint zusammen und beobachteten ihre Barken, die von brechenden Wellen geschlagen, vom Wind gerissen wurden. Die Schutzmauer konnte der Naturgewalt nicht standhalten. Zentnerschwere Steinbrocken flogen wie Softbälle umher. Ein Boot nach dem anderen sank. Die Zerstörung nahm zwei Tage ihren Lauf. Fischer verloren ihre Existenz, Hobbyfischer ihren Traum vom großen Fang. Die Hoffnung auf einen sicheren Ankerplatz ging verloren. Der gewünschte Aufschwung war ein Untergang.

Der Tag danach ... Fünfzehn gesunkene Boote wurden gezählt. Sechs sind bereits gehoben worden, sechs werden weiterhin vermisst.

Ohne auf meinen Artikel einzugehen, legte Vassílis die Zeitung beiseite. Es bedurfte keiner Worte darüber. Ich wusste, wie sehr die Ungewissheit wegen des Bootsschadens auf ihm lastete. Ein Taucher aus Àgios Nikólaos hatte Vassílis seine Unterstützung angeboten. Gestern war er zum ersten Mal getaucht und hatte später nur ein Wort für die Hiobsbotschaft gebraucht: katastrophal!

Mit Hilfe von Ballons sollte heute die Barke gehoben werden. Der Vorarbeiter einer Firma, die den Kalkabbau in Dorfnähe unterhielt, stellte vier seiner Männer zur Verfügung sowie einen Bagger, der das Boot aus dem Wasser hieven sollte.

Vassílis atmete tief durch. Ich hoffte mit ihm, dass wenigstens der Motor gerettet werden konnte. Die Maschine musste so schnell wie möglich ausgebaut, mit Süßwasser gereinigt und in ihre Einzelteile zerlegt werden. Dafür stand ein Automechaniker hilfreich zur Seite.

»Die Männer warten. Ich muss los.« Mein Mann stand auf.

»Ich komme mit!«

Vassílis' schwere Schritte schnitten mir ins Herz. Schweigend blieb ich auf dem Weg zum verwüsteten Hafen an seiner Seite. Wrackteile waren an Land gespült worden. Von Vassílis' Boot stach der Rumpf aus dem Wasser empor. Die Dorfbewohner versammelten sich auf der Mole, der Baggerfahrer ließ den Motor an. Die Bergung konnte beginnen.

Das Boot wurde aus dem Wasser gehoben, hing an Seilen schwebend in der Luft. Die fatalen Ausmaße des Schadens waren auf dem ersten Blick sichtbar: das Ruder nicht mehr vorhanden, ein riesiges Loch im Heck, aus dem zerfetzte Balken herausragten. Es dauerte eine Weile, bis das Meerwasser aus dem Boot ablief. Danach wurde es vorsichtig auf den Kai herabgelassen. Ich befürchtete, es würde jeden Moment komplett auseinanderbrechen, sosehr knarrte der Schiffskörper. Vassílis kletterte in den Rumpf, befreite den Motor vom herumgewirbelten Arbeitsmaterial, wischte den Sand beiseite. Ich schritt ums Wrack herum. Nie und nimmer wird dieses Boot jemals wieder eine Fahrt auf dem Meer erleben, dachte ich.

Vassílis half dem Mechaniker beim Ausbau des Motors. Nachdem die Maschine abtransportiert worden war, betrachtete er die Schäden in Ruhe. Seit Jahrzehnten war mein Mann mit seinem Boot aufs Meer gefahren. Würde er die Fischerei an den Nagel hängen? Ein neues Boot erwerben? Was ging in ihm vor? Er stand nicht weit von mir entfernt, die Hände in die Hüften gestützt. Die Helfer hatten sich in der Zwischenzeit verabschiedet.

»Sieht nicht gut aus«, sagte ich fast flüsternd.

Er drehte sich zu mir um. Seine Gesichtszüge angespannt, doch als er die Worte aussprach, glitzerte ein Funken in seinen Augen: »Ich setz das Boot instand, koste es, was es wolle.«

Für mich selbst unvorstellbar, beim Anblick des Wracks. Doch Vassílis machte sein Versprechen wahr und fuhr nach neun Monaten wieder hinaus zum Fischfang.

Gemischter Salat*

FÜR 4 PERSONEN

¼ kleiner Weißkohl
2 Möhren
½ Kopfsalat (Maroúli, Lattich)
2 Tomaten
1 rote Paprika
1 grüne Paprika
½ Gurke
1 rote Zwiebel
20 schwarze Oliven
¾ Tasse Olivenöl
Salz, Pfeffer

Gemüse waschen. Möhren, Gurke schälen. In eine große Schüssel: Möhre, Weißkohl raspeln. Paprika, Zwiebel, Tomaten, Kopfsalat, Gurke in dünne Streifen schneiden. Oliven zugeben. Würzen. Das Olivenöl über den Salat geben und vorsichtig umrühren.

Kretisches Omelett

FÜR 1 PERSON

4 Eier
1 kleine Zwiebel
2 mittelgroße Kartoffeln
1 grüne Paprika
50 g geriebener Käse
½ Tasse Olivenöl für die Kartoffeln
2 Esslöffel Öl fürs Omelett
Salz, Pfeffer

Die Kartoffeln schälen, in 3 cm dünne Scheiben schneiden und im Olivenöl goldbraun braten. Aus dem Öl nehmen, abtropfen lassen.

2 Esslöffel Öl in der Pfanne erhitzen, die Zwiebeln glasig anbraten, die gebratenen Kartoffeln hinzugeben. Paprika waschen, in schmale Streifen schneiden, hinzufügen. Die Eier in einer Schüssel vermengen, würzen, Käse unterrühren und über die Kartoffeln geben. Nach kurzer Zeit das Omelett in der Pfanne umdrehen und goldbraun braten.

Joghurt mit Honig

1 Becher Schafsjoghurt
2 Teelöffel Honig
½ Hand Walnüsse

Honig und Walnüsse unter den Joghurt rühren.

Erzähl mir nix von Sport!

Allmählich ging es auf das Frühjahr zu.

Längst hatte ich festgestellt, dass meine Hose enger saß, doch ich wollte es nicht wahrhaben. Die heiße Schokolade und die Milch mit Honig, die ich reichlich über den Winter zu mir genommen hatte, zeigten Wirkung.

»Die Kälte ist schuld, dass meine Hüften voller geworden sind«, klagte ich am Telefon.

»Mach endlich Sport!«, erwiderte Natalie trocken.

Den Spruch bekam ich häufig von ihr zu hören. Sie hatte gut reden. Natalie konnte alles essen und nahm nie ein Gramm zu. Schlank und rank seit eh und je! Insgeheim ärgerte ich mich, dass ich ihr die Sache mit den Speckröllchen überhaupt gesteckt hatte.

»Bist du noch da, Doris?«

Ich grunzte.

»Du hörst dich sauer an.«

»Wie oft soll ich dir noch sagen, dass ich kein sportlicher Typ bin. Außerdem hab ich genug Bewegung bei der Gartenarbeit und Olivenernte.«

»Hat aber nix genützt.« Sie lachte. »Glaub mir, es gibt keinen Typ, für den Sport nichts ist.«

»Lass gut sein, Natalie«, entgegnete ich verstimmt, »bei dem Thema werden wir uns auch in hundert Jahren nicht einig werden.«

»Ach, Doris«, seufzte sie.

»Davon abgesehen, bewege ich mich mehr als du denkst!«

»Du meinst, weil du mit den Hunden spazieren gehst. Dadurch wird sich an deinem Rettungsring keineswegs etwas ändern.«

»Wenn du in ein paar Wochen herkommst, führst du die Hunde aus, okay?«

»Klar doch, das mach ich mit links.«

Ich freute mich auf Natalies Besuch und lachte mir ins Fäustchen, wenn ich an ihr Versprechen dachte, denn ich hatte ihr bisher nie erzählt, wie meine Touren mit den Hunden vonstatten gingen. Sie hätte mich sicherlich wieder eines Besseren belehrt in Sachen Hundeerziehung. Ein wenig schämte ich mich, dass ich es nicht hinbekam, meine Rüden in den Griff zu bekommen. Vielleicht wollte ich es auch nicht, sondern eher ihnen ihre Wildheit gönnen.

Seit sechs Jahren gehörten Benji und Don zu unserem Haushalt. Benjis Mutter war uns bei der Olivenernte zugelaufen. Bald konnten wir ihren Besitzer ausfindig machen und zum Dank dafür versprach er uns einen Welpen.

Ich wehrte mich gegen einen neuen Hund. Zu tief saß die Angst, dass er genau wie Shak an der hier weit verbreiteten Leishmaniose, die durch eine Sandmückenart übertragen wird, sterben würde. Doch Vassílis und Aléxandros wünschten sich so sehr wieder einen Hund. Als der Colliebesitzer seine Welpen vorbeibrachte, schlossen die beiden den kleinen weißen Wuschel, der so gar nicht der Mutter ähnelte, augenblicklich ins Herz und ließen mich damit weich werden. Wie hätte ich den leuchtenden und bittenden Augen meiner beiden Männer widerstehen können? Obwohl ich mir dachte, dass die meiste Arbeit mit dem Welpen an mir hängen bleiben würde. Schließlich fuhr Vassílis ständig auf Fischfang und Aléxandros verbrachte nur die Wochenenden und Ferien zu Hause.

Schon nach wenigen Stunden hatte mich das kleine Wollknäuel um den Finger gewickelt. Benji wusste genau, wie er mich erwischte. Was konnte ich ausrichten gegen diesen treuherzigen Blick aus glänzenden dunkelbraunen Äuglein? Schwer zu ignorieren, denn Benji folgte mir auf seinen wackligen Babybeinen überall hin.

Drei Wochen später, als ich Wäsche im Garten aufhängte, während Benji um mich herumwuselte, hörte ich ein Winseln. Benjis Ohren spitzten sich. Unter einem Olivenbaum hockte ein magerer brauner Jagdhundewelpe. Benji stürzte direkt auf ihn zu. Sie beschnupperten sich, wobei der Fremdling zitterte und den

Schwanz zwischen den Beinen eingezogen hatte. Später folgte er uns zum Haus. Ich stellte ihm eine Schale mit Futter hin, über die er sich schlagartig hermachte. Als Kater Meicky sich dem Fressnapf näherte, knurrte der Kleine aus tiefster Kehle. Damit löste er einen Aufruhr unter den Katzen aus, die auf der Mauer lagen. Mit aufgeplusterten Schwänzen sprangen sie in unterschiedliche Richtungen auf die umstehenden Bäume. Gerade erst hatten die Katzen sich an Benji gewöhnt, der sie abschleckte, anstatt sie anzuknurren. Ich sah eine Menge Vermittlungsarbeit auf mich zukommen.

Zunächst einmal gestärkt, freundete der Welpe sich mit Benji an. Sie veranstalteten Wettrennen um die Olivenbäume herum, bis sie erschöpft in deren Schatten einschliefen. Am Abend fing ich jede Katze einzeln ein und ließ den Neuankömmling an ihnen schnuppern. Genauso war ich mit Benji vorgegangen, der sich auf Anhieb mit den anderen Vierbeinern vertragen hatte. Erstaunlicherweise klappte es wieder und alle lebten friedlich miteinander, solange niemand dem anderen ans Futter ging. Aléxandros taufte den Welpen auf den Namen Don.

Fünf Wochen suchten wir nach seinem Besitzer. Vermutlich war das Hundebaby ausgesetzt worden, wie es hier leider gang und gäbe war. Don bekam die Welpenimpfung und gehörte fortan zur Familie. Dafür, dass ich nicht einen einzigen Hund mehr haben wollte, tobten nun zwei um mich herum. Soviel zu *seinen Prinzipien treu bleiben*!

Natalie mochte die beiden Rüden, doch sie hatte niemals miterlebt, wie sie sich verhielten, wenn wir unterwegs waren. Schließlich wohnten ihr Mann und sie sonst immer im nahe gelegenen Ferienhäuschen.

Dieses Mal war sie ohne Jánnis gekommen und schlief in Aléxandros' Zimmer. Bereits am ersten Abend löste sie ihr Versprechen ein.

»Hier sind die Leinen.« Ich reichte sie ihr. Um mein Lächeln zu unterdrücken, biss ich mir auf die Lippe.

»Kein Problem.« Natalie marschierte auf Don zu.

Sobald er mitbekam, dass wir zum Spazierengehen starteten, rannte er wie von einer Hornisse gestochen hin und her.

»Na, du freust dich aber, dass ich dich Gassi führ«, meinte Natalie stolz.

Ich selbst wusste, dass es jeden Tag so ablief, ließ sie aber in dem Glauben. Endlich hatte sie Don angeleint.

»Kannst du ihn nehmen, damit ich Benji die Leine umlegen kann?«, bat sie.

»Nö, kann ich nicht.«

Ich verschränkte die Arme vor meiner Brust und amüsierte mich köstlich. Sobald Natalie sich bückte, sprang er an ihr hoch und leckte über ihre Wange.

»Igitt, Benji!« Sie rieb sich übers Gesicht.

Nach sechs Versuchen und unzähligem Abschlecken, während Don zugleich an der Leine zog, hatte Natalie es geschafft.

»Du bist mir eine tolle Hilfe«, maulte sie mich an.

Ich zuckte mit den Schultern. Die Hunde legten sich

mit vereinten Kräften ins Zeug, sodass Natalie beinahe das Gleichgewicht verlor. Ich stolzierte hintendrein. Meine Freundin fiel in den Laufschritt und kam auf dem kleinen Abhang vor dem Haus ins Schlittern. Sie riss an den Leinen, doch die Hunde reagierten nicht.

»Ist es nicht besser, du nimmst sie?«, rief sie mir zu, während sie den beiden nachhetzte.

»Warum?«

»Die sind so wild, weil sie nicht an mich gewöhnt sind.«

»Aber nein«, antwortete ich, »sie benehmen sich ganz normal. Wie immer.«

Natalie verzog das Gesicht. Ihre Schritte wurden schneller.

»Langsam, Don! Fuß, Benji!« Meine Freundin versuchte, sie zu erziehen.

Beim Ruf seines Namens schaute Benji kurz zu Natalie, rannte dabei zügig weiter. Don ignorierte sie total.

Ich blieb hinter ihnen und wartete auf den Moment, wenn Benji ...

Ich hatte meinen Gedankenfaden nicht beendet, da hockte sich Benji in die Büsche. Das war so, als würde man im Auto voll auf die Bremse treten und damit das Antiblockiersystem auslösen. In der Situation geht erst einmal nichts mehr. Wieder kämpfte meine Freundin mit der Balance. Don zog weiter Richtung Meer. Benji hielt stand. Natalies Arme streckten sich nun in beide Richtungen aus.

»Verdammt! Du willst mir jetzt aber nicht weismachen, dass das jeden Tag so geht!« Sie atmete schwer, ihr Gesicht hatte sich hochrot gefärbt.

»Doch.«

Mit dem Ellbogen versuchte sie, sich den Schweiß von der Stirn zu wischen. »Ist dir kein bisschen warm?«

Die Antwort konnte ich mir schenken. Benji war fertig. So, als würde es ein Auto von null auf hundert in drei Sekunden schaffen, spurtete er weiter. Das gleiche Schauspiel fand statt, als Don seinen Platz suchte, um sich zu erleichtern. Er benötigte dafür etwas länger, lief auf und ab, drehte sich im Kreis. Schnupperte, bis er die für ihn richtige Stelle fand. Unterdessen zog Benji in den Bambus, der gegenüber am Schotterweg zum Meer wuchs. Er hatte wohl eine Wildfährte ausgemacht und zerrte stärker in die Richtung. Als Don sein Geschäft erfolgreich verrichtet hatte, gelang es mir, mit Natalie im Gleichschritt zu gehen. Die Hunde waren ruhiger.

»Ach, die mussten nur mal, deshalb haben sie so gezogen«, stellte Natalie klug fest.

Von wegen!, dachte ich und sagte: »Wenn du meinst.«

Bis zum Meer war es ein gemütlicher Spaziergang. Nach einer Weile bogen wir ab, erklommen einen kleinen Berg. Die Hunde machten wieder Tempo. Natalie rannte mit ausgestreckten Armen und nach vorne gebeugtem Oberkörper hinterher. Als wir oben ankamen, schnappte sie nach Luft.

»Meine Güte, haben die einen Zahn drauf. Müssen die noch mal?«, japste sie.

»Da vorne ist eine Hündin.« Ich zeigte auf ein Gartenhaus. In einem verrotteten Zwinger stand eine Hundehütte.

Die Rüden gönnten Natalie keine Verschnaufpause. Über Steine stolpernd folgte meine Freundin ihnen. Die Leinen verwickelten sich. Natalie hatte keine Chance, sie zu entwirren. Ich griff ein.

Die Hündin winselte freundlich und die beiden Jungs liefen zu ihr hinüber, um sie durch den Drahtzaun zu beschnuppern, der um den Schuppen errichtet war. Das verschaffte Natalie Zeit, sich den Schweiß abzuwischen und sich ein bisschen zu erholen. Sie setzte sich auf einen großen Stein vor das Gatter.

»Alles klar?«, fragte ich und genoss den Spaziergang auf meine Weise.

Endlich einmal Gelegenheit, mir die Aussicht anzuschauen, ansonsten erlaubten die Hunde mir keine Ruhe dazu. Die Weite des Meeres. Nur wenige Schaumkronen waren zu sehen. In der Ferne sichtete ich ein Kreuzfahrtschiff. Wahrscheinlich hatte es den Tag über in Àgios Nikólaos vor Anker gelegen und setzte nun seine Fahrt fort. Auf der einen Seite der Bucht grenzten die Berge an, auf der anderen das Dorf.

»Gehen wir jetzt zurück?«

»Nein, erst bis zum Dorfrand.«

»Meinst du das im Ernst?«

»Die tägliche Route.«

»Das sind zwei weitere Kilometer!«

»Machst du schon schlapp?«

»Ich doch nicht!« Flott sprang sie auf.

Unsere Strecke führte über ein Stück Land, auf dem grün und saftig das Gras stand. Anschließend ging es vorbei am Feld, auf dem Brokkoli, Weißkohl, Blumenkohl, Erbsen und Saubohnen angebaut waren. Der Bauer bewässerte gerade den Garten und grüßte uns freundlich. Dahinter lag die Hauptstraße.

»Du musst jetzt auf die Autos achten. Immer, wenn du eins kommen hörst, halte die Jungs kurz.«

Außerhalb der Saison war hier wenig Verkehr, sonst hätte ich Natalie die Hunde nicht überlassen.

»Kein Problem.«

Kaum an der Straße, stellte Don sich auf die Hinterläufe, die Vorderpfoten schwebten in der Luft. Er hatte seine Hundefreundin Tschuli ausgemacht. Benji entdeckte sie nur Sekunden später. Beide jaulten und zogen Natalie mit sich. Mitten auf der Fahrbahn warf sich die Hündin, ein Pekinesenverschnitt, auf den Asphalt. Die Jungs beschnupperten sie. Nach einiger Zeit ließen die Rüden von ihr ab und sie schloss sich uns an. So wie jeden Tag zuvor. Nun ging der Spaziergang mit drei Tieren weiter. Die Hündin wechselte ständig die Straßenseite, und meine beiden wollten ihr auf Schritt und Tritt folgen.

Natalie fiel es schwer, sie zurückzuhalten, auf die Autos aufzupassen und Tschuli nicht aus den Augen zu verlieren. Schließlich fühlte sie sich für die Hundedame mitverantwortlich. Jedes Mal, wenn ein Wagen anrollte, nahm sie Don und Benji an die kurze Leine und rief: »Tschuli, Vorsicht!« Und strahlte erleichtert, weil die

Kleine sich in den Büschen versteckte, bis das Fahrzeug sich entfernte. »Die hört wenigstens.«

»Klar«, antwortete ich.

Tschuli verschwand von sich aus, seit sie unliebsame Bekanntschaft mit einem Auto gemacht hatte. Zum Glück war sie mit einer leichten Verletzung an einem Hinterbein davongekommen.

Vor dem Ortseingang trafen wir auf Leon, einen Jack-Russell-Mischling. Der machte sich von weitem bellend bemerkbar. Tschuli lief schwanzwedelnd auf ihn zu. Die Eifersucht brachte Don und Benji dazu, noch stärker an den Leinen zu reißen, sodass Natalie wieder in den Laufschritt verfiel. Touristen überquerten gerade die Straße. Don vergaß die Auseinandersetzung mit Leon ums Weibchen, sein Beschützerinstinkt mir gegenüber trat hervor. Er stellte die Nackenhaare hoch und bellte die Fußgänger an. Ein Mann schrak zurück. Benji wurde darauf aufmerksam und setzte nach. Mit ängstlichem Gesichtsausdruck sprang der Mann in den Graben. Natalie wirbelte umher. Zum zweiten Mal musste ich eingreifen. Ich nahm die beiden knurrenden Wilden am Halsband und entschuldigte mich mit einem freundlichen Lächeln bei den Vorbeiziehenden. Als sie sich ein Stück entfernt hatten, ließ ich die Rüden los. Natalie zog sie näher zu sich, lehnte sich an einen Olivenbaum und atmete tief durch. Benji gab keine Ruhe und bellte den Leuten hinterher. Leon amüsierte sich mit der Hündin und Don leckte Tschulis Pipi auf.

»Deine Hunde hören überhaupt nicht!«, stieß Natalie

zwischen zwei Atemzügen aus. »Du musst ihnen Manieren beibringen!«

»Wenn ich wüsste, wie, gerne, du Schlaumeierin!« Ich fühlte mich angemosert.

»In einer Hundeschule.«

»Als wenn ich nicht versucht hätte, eine ausfindig zu machen. Die bilden hier nur Jagdhunde aus.«

Unruhig liefen Don und Benji umher, sie wollten weiter. Natalie machte einen Schritt. Plötzlich drehte sie sich zu mir um und drückte mir die beiden Leinen in die Hände.

»Ich hab genug! Komme mir vor, als wäre ich seit Stunden im Fitnessstudio gewesen.« Sie rieb sich die Arme und den Rücken.

»Ach ja?« Ich tat überrascht. »Wirklich?«

Natalie sah mich skeptisch an, kniff dabei die Augen zusammen. »Sag mal, machst du dich über mich lustig?«

»Ich doch nicht.«

Natalie trottete auf dem letzten Kilometer langsam hinter uns her. Hin und wieder sah ich mich nach ihr um. Sie schaute zu Boden und schien in Gedanken.

»Jetzt weiß ich, warum du mir das angetan hast!«, schrie sie auf einmal so laut, dass sogar die Hunde zusammenzuckten.

Erschrocken blieb ich stehen. Sie holte auf. »Hat das etwas mit unserem Telefongespräch über Sport zu tun?«

»Welches?«, fragte ich ironisch.

»Weil ich dir immer vorwerfe ...«

»Jetzt kommen wir der Sache näher.«

»Ich werde nie wieder behaupten, dass du zu wenig Sport machst, Doris, nie wieder.«

»Nanu«, sagte ich.

»Ich bin platt, an mir klebt alles, ich will duschen und ins Bett.«

»Kein Abendessen?«

Aus müden Augen sah mich Natalie an. »Was gibt es denn?«

»*Stifádo* mit gefüllten Reistomaten.«

Mir war zuvor klar gewesen, wie der Spaziergang ablaufen würde, darum wollte ich Natalie mit einem ihrer Lieblingsgerichte versöhnlich stimmen. Sie bereitete es sich selbst nur selten zu, weil Jánnis die darin enthaltenen Mengen an Zwiebeln und Kreuzkümmel nicht mochte. Aber genau die Zutaten machten dieses spezielle Gulasch besonders schmackhaft.

»Oh, wie schön! Aber mit ganz vielen Zwiebeln, so mag ich es besonders gern.«

Wie gut ich meine Freundin kannte.

»Sag mal«, sprach sie weiter, »haben wir noch von dem Erbsenbrei?«

»Ja, warum?«

»Du könntest zur Vorspeise vegetarische Frikadellen daraus zaubern.«

»Mit oder ohne Zwiebeln?«, lästerte ich.

Natalie verzog das Gesicht zu einer Grimasse. »Igitt, bloß nicht ohne, das ist zu fad. Und mit mächtig viel Knoblauch. Ich schlaf ja allein.«

»Wenn damit zwischen uns wieder alles gut ist.«

Natalie drückte mich an sich. »Klar, und ...«

»Was, und?«

»Ich hab dir doch gesagt, für jeden Typ gibt es eine Sportart. Deine passt ausgezeichnet zu dir.«

Das Schlussplädoyer hätte sie sich sparen können, doch ich freute mich über ihre Einsicht und brachte Don und Benji zu ihren Hundehütten.

»Ihr zwei seid die besten Privattrainer, die es gibt. Und wenn die Temperaturen ansteigen, schwindet mein Hüftgold. Andererseits brauche ich zur heißen Jahreszeit etwas Kühles und da kommt mir Eis genau richtig.«

Ich streichelte den Rüden über den Kopf und überlegte, was die beiden wohl zu Frauchens Polsterproblemen sagen würden, wenn sie antworten könnten. Vor mich hin lächelnd stieg ich die Treppe zum Haus hoch.

Da es verdächtig ruhig war, spähte ich in Aléxandros' Zimmer. Natalie war ohne zu duschen, angezogen auf dem Bett eingeschlafen.

Wohl kein Sport für dich, Natalie, dachte ich.

Voller Tatendrang suchte ich die Küche auf und bereitete das Essen zu, schließlich sollte meine Freundin bei Kräften bleiben.

Kichererbsen-Frikadellen *

FÜR 4 PERSONEN

250 g Kichererbsen
2 Eier
4 Frühlingszwiebeln
2 Knoblauchzehen
1 Tasse Reismehl (oder normales Mehl)
1 Tasse Olivenöl
Salz, Pfeffer

Die Kichererbsen eine Nacht zuvor einweichen. Dann kochen, bis sich ein dicker Brei ergibt. Einen Tag stehen lassen.

Die Erbsen in eine Schüssel geben. Klein gehackte Frühlingszwiebeln, Eier, gehackten Knoblauch, Reismehl hinzugeben. Mit der Hand gut durchkneten. Dann würzen und nochmals kneten. In einer tiefen Pfanne das Öl erhitzen. Aus dem Erbsenbrei kleine Bällchen formen und im heißen Öl von beiden Seiten goldgelb braten. Aus der Pfanne herausholen und auf einem Küchentuch abtropfen lassen. Warm servieren.

Bei Verwendung von Reismehl frei von Gluten und Laktose.

Gefüllte Tomaten *

FÜR 4 PERSONEN

8 große, reife Tomaten
3 große Zwiebeln
150 g Reis
50 g Tomatenmark
1 Bund Petersilie
1 Tasse Olivenöl
Salz, Pfeffer
125 ml Wasser
2 Esslöffel Olivenöl zum Beträufeln

Die Tomaten waschen, auf ein Küchenbrett legen. Den oberen Teil abschneiden und beiseite legen. Mit einem Teelöffel das Fruchtfleisch herausholen und fein hacken.

Das Öl in einem Topf erhitzen. Die Zwiebeln klein hacken und darin glasig dünsten. Den Reis hinzugeben und unter ständigem Rühren 3 Minuten bei niedriger Temperatur anbraten. Tomatenfruchtfleisch und Tomatenmark hinzugeben. Kurz aufkochen und danach 5 Minuten bei kleiner Hitze köcheln lassen. Vom Herd nehmen und abkühlen lassen.

Petersilie waschen und klein hacken. Unter den Tomatenreis rühren und mit Salz und Pfeffer würzen.

Backoffen auf 180 Grad vorheizen.

Reis in die ausgehöhlten Tomaten füllen. Den abgeschnittenen oberen Teil auf die Tomate legen. Die gefüllten Tomaten in eine Auflaufform geben. Mit dem Wasser aufschütten. Die Tomaten mit Öl beträufeln. Mit Alufolie abdecken und 30 Minuten in den Ofen schieben. Danach Folie entfernen und nochmals 30 Minuten weiterbacken. Vor dem Servieren mit dem ausgetretenen Saft begießen.

Stifádo (Rindergulasch mit Zwiebeln) *

FÜR 4 PERSONEN

1 Kilo mageres Rindfleisch
800 g kleine Zwiebeln
½ Tasse Olivenöl
4 Esslöffel Tomatenmark
½ Teelöffel Kreuzkümmel
1 Zimtstange
Salz, Pfeffer

Rindfleisch waschen, abtrocknen und in Würfel schneiden. Im erhitzten Olivenöl von allen Seiten braun braten.

Danach ¾ Liter Wasser hinzugießen. Tomatenmark unterrühren, Kreuzkümmel, Zimtstange dazugeben. Mit Salz und Pfeffer gut würzen. Gulasch mehrfach umrühren. Zugedeckt bei geringer Hitze etwa 1 Stunde schmoren lassen.

Die Zwiebeln schälen, dann im Ganzen zum Gulasch geben. Falls nötig, Wasser hinzufügen. Fleisch und Zwiebeln gar schmoren. Vor dem Servieren Zimtstange entfernen.

Crepe mit frischen Erdbeeren

FÜR 4 PERSONEN

4 Eier
100 g Mehl
500 ml Milch
½ Tasse Olivenöl
Prise Salz
250 g Erdbeeren
1 Teelöffel Honig
Schuss Zitronensaft

Mehl, Milch, Eier, Salz mit dem Mixer verrühren. In die Pfanne einen Schuss Olivenöl geben, erhitzen. Dann einen Schöpflöffel voll Teig in die Pfanne geben. Von beiden Seiten goldgelb braten. Bei jeder Crepe frisches Öl in die Pfanne geben und erst kurz erhitzen.

Erdbeeren waschen, Stiele entfernen. Vierteln und in eine kleine Schüssel geben. Den Honig im Zitronensaft auflösen, über die Erdbeeren geben und vorsichtig unterheben.

Die Crepe damit füllen und zusammenrollen.

Die Griechenlandkrise

Natalie und Jánnis kamen in diesem Jahr unerwartet früh zu Besuch. Sie hatten ihre Urlaubspläne vorgezogen und bewohnten wieder das Domizil in unserer Nähe.

Ich schnitt gerade mit Vassílis den von ihm gefangenen Thunfisch in Stücke, als das Telefon klingelte. Flüchtig trocknete ich mir die Hände an der Schürze und hob den Hörer ab.

»Gehen wir zum Strand oder fahren wir zum Bummeln nach Àgios Nikólaos?«, fragte Natalie.

»Sie haben Streiks und Demonstrationen im Fernsehen angesagt. Somit Strandtag. Kommst du rüber?«

»Bis gleich.«

Etwas verwundert legte ich auf. Natalie war noch nie mit der Tür ins Haus gefallen.

Erst begrüßte sie mich, fragte nach meinem Befinden und danach brachte sie ihr Anliegen vor. Ob sie sich mit Jánnis gestritten hatte?

Vassílis fuhr ins Dorf, um den Tavernenbesitzern den

Fisch anzubieten. Kurz nachdem er das Haus verlassen hatte, traf Natalie bei mir ein.

Ohne die Hunde zu streicheln, die ihr schwanzwedelnd entgegenliefen, kam sie auf mich zu. »Diese verdammten Streiks gehen mir auf den Nerv!« Sie ließ sich auf der Küchenbank nieder.

Ich wischte mir mit dem Handrücken eine Strähne aus der Stirn und sah meine Freundin an. »Wieso regst du dich darüber auf?«

»Du etwa nicht?«

»Nein.«

»Darf ich fragen, warum?«

»Die Streiks werden kaum etwas an den neuen Gesetzen ändern. Ganz sicher wird die vierprozentige Umsatzsteuererhöhung nicht wieder runtergestuft.«

»Du nimmst das ziemlich gelassen hin.«

»Möchtest du frischen Orangensaft?«, fragte ich, holte ihn aus dem Kühlschrank, nahm Gläser und setzte mich Natalie gegenüber.

»Gerne, doch bitte keine Ablenkung vom Thema, dafür ist es viel zu ernst.«

Ich goss den Saft ein, trank selbst ein paar Schlucke. »Es war abzusehen, dass es eines Tages so weit kommen wird.«

Aus meiner Sicht hatte sich so manch einer wenig Gedanken über die enormen Staatsausgaben gemacht. Oder besser ausgedrückt, sie eher verdrängt. Jetzt hatte der Europäische Staatenverbund klare Zeichen gesetzt, die unsere Regierung nicht ignorieren konnte. Leider gaben die Medien bei Berichten über die Krise ihr Bestes dazu, an Griechenland kein gutes Haar zu lassen. Dabei bekamen die Bürger täglich die Umsetzung der Maßnahmen zu spüren. Wäre es den Ministerpräsidenten der letzten Jahrzehnte bewusster gewesen, was auf das Land zukam, hätte ein Sparprogramm Schritt für Schritt eingeführt werden können, doch inzwischen stand uns das Wasser bis zum Hals. Verständlich, dass die Bürger ihrem Unmut auf der Straße Luft machten.

»Und du billigst diese ständigen Demonstrationen?«

»Solange sie gewaltfrei ablaufen. So geht es auf keinen Fall weiter.«

»Aber die Leute demonstrieren, damit es so weiterläuft wie bisher. Sie wollen keine Änderungen.«

»Wer will schon den Gürtel enger schnallen? Du vielleicht?«

Natalie zuckte mit den Schultern.

»Eben. Menschen haben Angst, wenn Armut droht, Arbeitslosigkeit, Zwangsräumung, weil die Mieten nicht mehr bezahlt werden können. Wenn sie erst begreifen, dass das gesamte Land zusammenhalten muss, um weiter zu existieren, werden sie sich besinnen und mithelfen.«

Beängstigend fand ich die Streiks der Apotheken und der staatlichen Mediziner. Krankenhausärzte, die überwiegend Kassenpatienten betreuten, hatten seit Monaten kein geregeltes Einkommen. Die logische Folgerung: Sie legten die Arbeit nieder. Die Kranken waren die Leidtragenden. Viele konnten sich einen privaten

Arzt nicht leisten. Ich gab mir Mühe, beide Seiten zu sehen. Auch die privaten Spediteure und Taxiunternehmen bangten um ihre Existenz. Deren Lizenz war eine Art Altersversorgung für sie. Von nun an durften keine Abstandssummen mehr geleistet werden. Die Folge: Der Transport von Lebensmitteln und anderer Erzeugnisse blieb aus. Die Regale leerten sich. Taxifahrer streikten in der Hochsaison vierzig Tage lang.

»Altersversorgung? Sag mal, bist du auf einmal naiv geworden. Reines Geschäftemachen!«, sagte Natalie.

»Stell dir vor, unsere Männer hätten einen dieser Jobs und Jahre zuvor eine hohe Abfindung dafür hinblättern dürfen, in der Hoffnung, wenn sie ins Rentenalter kommen, durch die Weiterveräußerung der Lizenz ein Polster zu haben. Und auf einmal ist damit Schluss.«

»So hatte ich es noch nicht betrachtet«, gab Natalie zu. »Hast du auch Verständnis dafür, dass Operationen nicht durchgeführt werden können, weil Mullbinden und andere Hilfsmittel fehlen? Kein Geld, keine Ware.«

»Dringende Operationen werden weiterhin vorgenommen. Du musst nicht denken, dass es spurlos an mir vorbeigeht. Ganz bestimmt nicht. Aber wenn ich mich hineinsteigere, dann tut es mir persönlich nicht gut und ändern kann ich es trotzdem nicht. Verstehst du?«

»Lass uns lieber von etwas anderem sprechen.« Sie griff aus der Obstschale, die auf dem Tisch stand, einen Apfel, biss kräftig hinein. »Hat Vassílis heute etwas gefangen?«, fragte sie kauend.

Er hatte! Einen zwanzig Kilo schweren Thunfisch. Doch es wäre nicht das erste Mal seit der Krise, dass wir ihn selbst verspeisten. Es sei denn, Vassílis hätte Glück gehabt und ihn verkaufen können. Tavernen nahmen oft keinen Fisch ab, weil ihnen die Gäste ausblieben. Und den meisten Dorfbewohnern war er in der Krisenzeit zu teuer. Zwischen zehn und dreißig Euro fürs Kilo, je nach Fischart, waren sie nicht bereit, dafür auszugeben.

Sie hielten ihr Geld zusammen, da niemand wusste, was noch auf uns zukommen würde. Die Leute standen in den Banken Schlange, um ihre Sparguthaben abzuheben. Sie hatten Angst, dass der Staat komplett den Bach runterging und sie alles verloren.

»Verdammt schlecht für euch, wenn niemand Fisch kauft«, sagte Natalie.

»Ich bin sicher, es wird auch wieder bessere Zeiten geben. Die Krise ist gerade erst bekannt geworden. Dass es so schlecht ums Land steht, ist vielen nicht bewusst gewesen. Die Menschen fühlen sich verunsichert.«

Bessere Zeiten? War mir eigentlich klar, was ich da aussprach? Wunschdenken? Das Benzin war auf über eins achtzig gestiegen, die Preise für Lebensmittel kräftig erhöht worden. Sondersteuern, neue Kraftfahrzeugsteuersätze, Stellenabbau, unzählige Kündigungen und Beamte mit enormen Gehaltseinbrüchen, um nur einige Änderungen aufzuzählen.

»Wollten wir nicht über positive Dinge reden?«, fragte ich.

»Lass uns an den Strand gehen.« Schon sprang Natalie auf und schritt voran.

Wir verbrachten unbekümmerte Stunden, erzählten uns Erlebnisse aus unserer nunmehr fast vierzigjährigen Freundschaft. Lachten über die Jugendsünden und stellten uns vor, wie ich reagieren würde, wenn Aléxandros eines Tages eine Freundin mit nach Hause brächte. Ausgelassen schauten wir auf dem Rückweg bei Vassílis' Vater vorbei. Er verwöhnte uns mit gekühlter Melone.

»Wie sieht es auf dem Festland mit der Krise aus?«, fragte Aléx meine Freundin.

Mit einem Schlag verlor sie das Lächeln und ihre Augen schauten traurig. Warf die Krise Natalie derart aus der Bahn? Oder was beschäftigte sie?

»Nicht anders als hier«, gab sie knapp zur Antwort und machte mir ein Zeichen, sie wolle gehen.

»Solange sie unsere Rente nicht kürzen und wir im Garten genug Gemüse, Hühner, Ziegen und Kaninchen haben, geht es uns ganz gut«, merkte Aléx an.

Vergeblich wartete er auf eine Reaktion von Natalie. Sie war bereits aufgestanden und verabschiedete sich hastig. Schimmerten Tränen in ihren Augen?

»Was ist?«, fragte ich leise beim Losgehen.

»Mir brennen vom Salzwasser die Augen. Ich will unter die Dusche. Wir sehen uns später beim Abendessen.«

Auf halbem Weg nach Hause verabschiedete ich mich und sah ihr nachdenklich hinterher, während sie die Anhöhe zu ihrem Urlaubshäuschen hochging. Da stimmte etwas nicht! Ich nahm mir vor, mit ihr über meine Befürchtungen zu reden.

Von weitem hörte ich unser Telefon schellen. Ich rannte los, außer Atem meldete ich mich. Aléxandros!

»Hast du deinen Flug gebucht?«, fragte ich. Seit zwei Jahren studierte er in Athen und kam alle zwei Monate übers Wochenende nach Hause.

»Klar doch! Aber bis ich bei euch bin, kann ich mit den Neuigkeiten unmöglich warten«, sagte er.

»Verliebt?«

»Mutter!«

»Du bist so aufgekratzt, es muss etwas Besonderes sein.«

»Ich habe von der Uni ein Austauschsemester angeboten bekommen.«

»Das ist wirklich eine erfreuliche Nachricht. Nach Thessaloníki oder zur Uni auf einer der Inseln?«

»Nach Berlin!«

»Du willst in Deutschland studieren?«

»Ja, so wie es zurzeit in unserem Land abgeht ...«

Gab es überhaupt noch ein anderes Thema als die Krise?

Konzentriere dich auf deinen Sohn!, sagte ich mir. Denn im Moment ging es um Aléxandros' Studium und er hatte seine Entscheidung getroffen.

Obwohl es mir schwerfiel, ihn so weit fort zu wissen, antwortete ich: »Ich bin stolz auf dich. Wir sehen uns in wenigen Tagen und dann erzählst du uns alles darüber.«

Ich blieb mit dem Hörer in der Hand stehen und schluckte meine Tränen herunter. Mein Sohn wurde flügge. Nun, im Grunde war er es längst. Schon mit fünfzehn hatte er in einer Wohngemeinschaft in Sitía gelebt.

Vassílis kam nach Hause. Er hatte kaum etwas verkauft. Ich verstaute den Thunfisch im Kühlschrank und berichtete dabei von Aléxandros' Neuigkeiten. Vassílis freute sich weitaus mehr als ich. Hinterher erzählte ich ihm von meinem Gespräch mit Natalie.

»Jeder Mensch empfindet die Krise anders. Doris, auch wir müssen uns Gedanken darüber machen. Nur von deinen Gemüseeinkünften können wir nicht leben, wenn die Leute keinen Fisch kaufen. Außerdem, wenn Aléxandros nach Berlin zieht, müssen wir ihn finanziell mehr unterstützen.«

»Hast du eine Idee?«

»Ich könnte den Bauern bei der Melonenernte helfen.«

»Und ich?«

»Ich habe gehört, dass eine Frau zum Putzen von Büroräumen, bei der Firma für Kalkabbau gesucht wird.«

»Hast du nicht das Gefühl, dass sich nach ein paar Wochen alles beruhigt und die Leute wieder Fisch kaufen werden?«, fragte ich.

»Das hoffe ich. Es würde mir schwerfallen, kein Fischer mehr zu sein.«

Ich war ziemlich aufgewühlt von all dem. Mein Mittagsschlaf wollte mir nicht recht gelingen, ständig drehten sich meine Gedanken um unsere Zukunft. Bald würden Natalie und Jánnis wieder nach Kalamáta abreisen und ich wollte die letzten Abende mit ihnen genießen.

Vassílis' Runde zu den Tavernen blieb auch am Nachmittag erfolglos. Also nahm ich mir von dem Thunfisch, denn ich hatte mir vorgenommen, ihn auf unterschiedliche Art zuzubereiten. Einige Kilo brachte Vassílis seinem Vater. Der Rest fand den Weg in die Kühltruhe. Ich kochte den Fisch im eigenen Sud ab. Jánnis würde sich über den Thunfischsalat, der nur mit Frühlingszwiebeln und Zitronenöl angemacht wurde, besonders freuen. Er mochte das Zusammenspiel von Herzhaftigkeit mit etwas Säure. Für Vassílis hatte ich mir die Hauptspeise ausgedacht. Maisnudeln mit Thunfisch. Sonnengereifte Tomaten würden der Soße einen Hauch von Süße vermitteln und die gehackte Petersilie ihren Kick dazu geben.

Das Abendessen verlief harmonisch. Wir aßen gerade den Schokoladenkuchen, als Jánnis eine für mich traurige Neuigkeit heraussprudelte.

»Wir werden dieses Jahr nicht mehr zu euch kommen«, tat er kund.

Ich schaute sofort zu Natalie, die meinem Blick auswich. Also hatte mein Gefühl mich nicht getäuscht. In meinem Magen murmelte es.

»Das heißt, ihr kommt weder im Hochsommer noch zum Rakibrennen und auch nicht zum Neujahrsfest?«, fragte Vassílis.

»Nein«, antwortete Jánnis kurz.

Was steckt bloß dahinter?, dachte ich und konnte mir keinen Reim darauf machen.

Jánnis sah zu Natalie herüber. Sie nickte kaum merklich. Ich hielt den Atem an.

»Wir werden im Sommer nach Deutschland zurückgehen«, sagte Jánnis.

Ich wünschte mir ganz fest, dass ich mich verhört hatte. Bei Betrachtung von Natalies versteinertem Gesichtsausdruck verlor sich jede Hoffnung. Ich holte tief Luft.

»Darf ich fragen, warum?« Vassílis war mir zuvorgekommen.

»Beruflich gibt es in Griechenland keine Perspektive mehr für mich«, antwortete Jánnis sachlich.

»Ich vermisse Köln«, kam es kaum hörbar aus Natalies Mund.

Fassungslosigkeit nahm Besitz von mir. Die Krise hatte es geschafft. Alle, die mir lieb waren, zog es weg. Aléxandros, Jánnis und, von wem ich es am allerwenigsten geglaubt hatte, meine Freundin. Ich saß stumm da und schaute in die Runde. Vassílis nahm die Schachtel mit den Zigaretten aus der Jackentasche und bot Jánnis eine an. Obwohl der seit Jahren das Rauchen aufgegeben hatte, griff er zu. Natalie nippte an ihrem Weinglas. Ich bemerkte, dass ihre Hand zitterte.

»Bist du mir böse?«, flüsterte sie in meine Richtung.

Ich schaffte es nicht mehr, meine Tränen zurückzuhalten. Natalie und ich standen gleichzeitig auf und fielen uns in die Arme.

»Ich werde dich vermissen«, sprach ich ihr leise ins Ohr.

»Du wirst mir auch fehlen. Doch glaub mir, wir haben lange darüber nachgedacht, für uns ist es besser. Wir können ja telefonieren und ich komme dich besuchen.«

In den Sommerferien reiste ich nach Kalamáta und half Natalie beim Packen der Kisten. Meine Freundin freute sich, bald wieder in ihrer Geburtsstadt zu leben und auf den Neuanfang dort. Ich konnte mich schwer mit dem Gedanken anfreunden. Nachdem der Umzugswagen Richtung Deutschland abgefahren war, setzte ich mich in den Flieger nach Berlin. Ich wollte mir Aléxandros' Wohnung anschauen. Im Gepäck hatte ich einen Laptop als Geschenk für ihn. Wir installierten ein Programm, damit wir uns übers Internet unterhalten und dabei sehen konnten. Gemeinsam erkundeten wir die Hauptstadt. Nach zehn Tagen und mit der Gewissheit, dass es meinem Jungen in Berlin gut ging, reiste ich nach Köln, besuchte meine Familie. In der Zwischenzeit waren Natalies und Jánnis' Sachen angekommen. Ich half ihnen beim Auspacken. Bald wurde es Zeit für mich, zurück nach Kreta zu fliegen. Ich musste mich wieder selbst um den Garten und den Verkauf auf den Märkten kümmern. Vassílis und sein Vater hatten mich, so gut es ging, dabei vertreten. Und ich würde nach den Ferien mit der Putzarbeit in den Büroräumen beginnen.

Freudestrahlend empfing mich Vassílis am Flughafen.

»Wie geht es unserem Jungen?«, fragte er.

»Gut, er wartet auf deinen Anruf übers Netz, damit wir sehen, ob es funktioniert.«

»Und deinen Eltern?«

»Mutter übt sich in der Ayurvedischen Küche; Vater freute sich, dass er durch meinen Besuch endlich mal wieder Hausmannskost zu Essen bekam. Meine Geschwister hatten wenig Zeit, sie waren beruflich ziemlich eingespannt.«

»Und Natalie und Jánnis?«

»Dein Freund ist von seiner neuen Arbeitsstelle begeistert und sprudelt vor lauter Ideen. Natalie richtet das Haus ein. Sie schien mir recht zufrieden zu sein. Schwärmte davon, dass sie es kaum abwarten könne, endlich in Köln, Bonn und Düsseldorf bummeln zu gehen.«

Als wir im Auto saßen, wurde es für einen Moment still zwischen uns. Dann fragte Vassílis: »Möchtest du auch zurück nach Köln?«

Die Antwort bedurfte keiner Überlegung. »Meine Heimat ist hier. Und damit die griechische Wirtschaft angekurbelt wird, werde ich auch für deinen Vater einen Laptop kaufen, als Dank, dass er die Gartenarbeit übernommen hat.«

»Er ist über achtzig. Meinst du, er wird damit klarkommen?«

»Dafür, dass er sich mit seinem Enkel unterhalten und ihn dabei sehen kann, wird er mit Feuereifer lernen, wie man so ein Ding bedient.«

Vassílis lachte. »Du kommst auf Ideen!«

»Auch mit kleinen Dingen kann der Wirtschaft geholfen werden«, sagte ich, wusste jedoch, dass es nur ein Minitropfen auf dem heißen Stein war. Im Vordergrund stand, ich wollte meinem Schwiegervater eine Freude bereiten. Er vermisste seinen Enkel und es war ihm gar nicht recht, dass er sich in einem anderen Land aufhielt.

»Ich habe heute zehn Kilo Thunfisch verkauft«, erzählte Vassílis.

»Hoffentlich bleibt dies keine Ausnahme«, gab ich zurück.

Wie sah es aus zum Beginn der Krise? Die Nachrichten meldeten täglich neue Belastungen, die auf den Steuerzahler, die Bürger zukommen würden. Ständige Diskussionen und Verhandlungen, ob Griechenland eine finanzielle Hilfe erhalten sollte. Die Europäische Freundschaft litt unter der Berichterstattung der Medien. Die Touristen blieben aus. Viele Griechen hatten ihre Anstellung verloren oder mussten mit Gehaltseinbußen zurechtkommen. Unzählige Streiks prägten den Alltag. Sammelstellen für Lebensmittel wurden in den Verkaufsläden aufgestellt. Auf öffentlichen Plätzen wurden Essensrationen ausgeteilt.

Ein langer, langer steiniger Weg lag vor unserem Land. Wenn alle bereit waren, ihn zu gehen, stände es gut um die Hoffnung auf eine bessere Zukunft.

*Thunfischsalat**

FÜR 4 PERSONEN

500 g frischen Thunfisch
½ Bund Petersilie
5 Frühlingszwiebeln
1 Zitrone
¾ Tasse Olivenöl
Salz, Pfeffer

Den Thunfisch in Salzwasser kochen, abkühlen lassen. Danach in kleine Stücke bröseln und in eine Schüssel geben. Petersilie hacken, Frühlingszwiebeln klein schneiden, dazugeben. Saft einer Zitrone mit Salz, Pfeffer und dem Olivenöl cremig schlagen. Dann über den Salat geben. Vor dem Servieren zwei Stunden kühl stellen.

Thunfischsalat mit Mayonnaise

FÜR 2 PERSONEN

300 g Thunfisch
3 Tomaten
1 kleine Gurke
1 Zwiebel
½ Maroúli (Kopfsalat)
10 schwarze Oliven
1 Tasse Mayonnaise
½ Tasse Olivenöl
Salz, Pfeffer

Thunfisch in Salzwasser gar kochen, abkühlen lassen.

Zwei tiefe Teller für den Salat nehmen. Maroúli waschen, in dünne Streifen schneiden, jeweils die Hälfte auf die Teller geben. Darauf mittig den Thunfisch.

Tomaten waschen, in dünne Scheiben schneiden und rund um den Tellerrand legen. Gurke schälen, in Scheiben schneiden, zu der Tomate geben. Zwiebel klein schneiden. Mit den Oliven zum Salat fügen. Würzen. Olivenöl über den Salat geben. Mayonnaise verteilt auf den Thunfisch streichen. Dazu Olivenbrot reichen.

Eier mit Thunfisch

8 Eier
200 g Thunfisch
2 Esslöffel Mayonnaise
½ Gläschen Kapern
10 schwarze Oliven
10 grüne Oliven
Salz, Pfeffer

Eier hart kochen. Dann schälen, teilen. Das Eigelb herausnehmen und in eine kleine Rührschüssel geben.

Thunfisch, Mayonnaise, Kapern, entkernte und klein geschnittene Oliven, Salz und Pfeffer hinzugeben und zu Brei mixen. Ins ausgehöhlte Eiweiß geben.

Maisnudeln mit Thunfischsoße *

FÜR 4 PERSONEN

500 g Maisnudeln
600 g frischen Thunfisch (oder 2 bis 3 Dosen Thunfisch)
1½ Kilo reife Tomaten
3 Knoblauchzehen
1 große Zwiebel
1 Teelöffel Petersilie
1 Teelöffel Basilikum
1 Teelöffel Oregano
1 Prise Rosmarin

½ Tasse Olivenöl
Salz, Pfeffer
200 g geriebenen Käse (bei Bedarf)

Tomaten waschen, halbieren und über der Reibe entsaften.

In der Zwischenzeit Olivenöl erhitzen, klein geschnittene Zwiebel darin anbraten. Knoblauch in kleine Stücke schneiden, hinzugeben. Die Tomaten und in kleine Stücke geschnittenen Thunfisch hinzufügen und circa 15 Minuten auf niedriger Stufe köcheln lassen. Zum Schluss gehackte Petersilie, gehackten Basilikum, Rosmarin, Oregano kurz mitkochen lassen. Mit Pfeffer und Salz abschmecken.

Maisnudeln in Salzwasser gar kochen. Nudeln in einem tiefen Teller anrichten, darüber die Thunfischsoße geben. Nach Bedarf mit geriebenem Käse bestreuen.

Bei Verwendung von glutenfreien Maisnudeln glutenfrei.

Schokoladenkuchen mit Öl

½ Kilo Mehl
1 Päckchen Backpulver
1 Tasse Olivenöl
1½ Tassen Zucker
5 Eier
1 Tasse Milch
1 Päckchen Vanillezucker
250 g zartbittere Schokolade
1 Prise Salz

Olivenöl und Zucker schaumig rühren. Eigelb, Vanillezucker, Milch, die in kleine Stücke geschnittene Schokolade, Mehl und Backpulver, Prise Salz hinzufügen und gut vermengen. Eiweiß steif schlagen und vorsichtig unter den Teig heben. Backform ausfetten, den Teig hineingeben. Bei 180 Grad circa 45 Minuten backen.

In der Hoffnung auf …

Nicht mehr lange und die neue Saison würde beginnen. Die Palmen und Oleanderbüsche an der Hauptstraße wurden zurückgestutzt. Der Eigentümer der Boutique am Dorfeingang entfernte die Zeitungen, die er im Herbst als Sonnenschutz an die Scheiben geklebt hatte. In Gemeinschaftsarbeit kehrten die Dörfler die Straßen, auf denen sich Blätter und abgebrochenes Geäst angesammelt hatten. Bewohner, die nicht vor Ostern ihr Haus weiß angestrichen hatten, holten es nun nach. Viele, die den Winter in den Städten oder in ihren Berghäusern verbrachten, zog es zum Sommeranfang zurück ins Zuhause am Meer. Die kleinen Vorgärten wurden von Unkraut befreit und Blumenkästen bunt bepflanzt. Kinder liefen den Strand ab und sammelten den vom Meer angespülten Unrat ein. Anthí bestückte die Regale in ihrem Lebensmittelladen. Hobbyfischer holten ihre Boote aus dem Winterlager und ließen sie zu Wasser. Die Tavernenbesitzer waren allesamt damit beschäftigt, ihre

Tische und Stühle instand zu setzen. Der eine schliff sie ab und verpasste ihnen einen neuen Anstrich. Ein anderer wusch sie mit reichlich Wasser und ließ sie in der Sonne trocknen. Aus den Restaurants schallten Topfgeklapper und Putzgeräusche hinaus auf den Dorfplatz. Jeder erhoffte und versprach sich eine bessere Saison. Die Gespräche und Reportagen über die Griechenlandkrise waren weniger geworden, seitdem der Europäische Staatenverbund einen freiwilligen Schuldenerlass ausgehandelt hatte. Streiks gehörten nicht mehr zur Tagesordnung, fanden dennoch statt. Nun hofften die Dorfbewohner darauf, dass die Touristen wiederkehrten.

Tavernenbesitzer Geórgios war skeptisch. Die ausländischen Gäste waren ihm im Vorjahr ausgeblieben, darum stellte er nur wenige Tische und Stühle auf.

In einem Holzverschlag standen sie seit zwei Jahren und fristeten ein düsteres Dasein. Nur wenn die Tür geöffnet wurde, konnten sie ein paar Sonnenstrahlen und den Blick aufs Meer erhaschen. In der Abgeschiedenheit erzählten sie sich Geschichten aus ihrem Leben, das zuvor aufregend und bunt gewesen war. Mikrós wünschte sich sogar Dimítris Papadópoulos, den gewichtigen Preisboxer, in seinen Alltag zurück. Doch Dimitrís lebte, seitdem er eine Rentenkürzung hinnehmen musste, bei seinen Kindern in Athen. O Prótos fing langsam an, sich damit abzufinden, den Rest seiner Tage im dunklen Schuppen zu verbringen. Er war alt. Dennoch hatte er sich seinen Ruhestand wesentlich farbenfroher ausgemalt. Darauf gehofft, in einer Familie den Lebensherbst zu verbringen, nachdem Geórgios ihn ausrangiert hätte. Nun begann der Holzwurm langsam, an ihm zu nagen und o Prótos befürchtete, dass seine Leisten bald brachen. Taxidiótis fand sich mit seinem Schicksal schwer ab. Entweder sprach er tagelang davon, was er auf seinen Reisen entlang der Dörfer alles erlebt hatte, oder er verfiel in Melancholie und gab nicht einmal Antwort, wenn seine Freunde eine Frage an ihn richteten. Mikrós war der Einzige von den Dreien, der die Hoffnung auf eine bessere Zukunft nicht aufgab. Fortwährend hörten die beiden anderen, wie Mikrós zu sich selbst sprach, um sich Mut zu machen. Wenn hin und wieder Menschen am Verschlag vorbeigingen, schnappte er jeden ihrer Wortfetzen auf. Häufig versuchte Mikrós, daraus eine Geschichte zu basteln. Doch er merkte, dass Taxidiótis und o Prótos seinen Erzählungen nur halbherzig folgten.

Eines Tages jedoch hörten sie mehr Stimmen. Fortan zählte Mikrós sie und freute sich, dass die Anzahl täglich anstieg. Er deutete es als ein gutes Zeichen. O Prótos nahm es gelassen, er wollte sich keinen falschen Hoffnungen hingeben. Taxidiótis wurde nervös. Er sehnte sich danach, endlich aus der Nutzlosigkeit herauszukommen. Wieder an seinem alten Platz zu stehen, mit Blick aufs Meer. Auch wenn Mikrós ihm mehrfach zu verstehen gab, dass es so kommen würde, knarrte er ungläubig.

Zu später Stunde öffnete sich unvermutet die Tür.

Geórgios und sein Angestellter traten ein. Flugs trugen sie Tische hinaus. Kamen zurück und schnappten sich Stühle. Draußen stand Déspina mit einem Putztuch. Sie entfernte Spinnweben, die sich in den letzten Jahren angesammelt hatten. Mikrós lachte auf, weil es kitzelte. Taxidiótis' Herz schlug höher. Einem Wasserfall gleich redete er drauf los. O Prótos schien verwirrt. Er konnte das Geschehen nicht richtig zuordnen. Geschwind ging es weiter. Helfer brachten die Möbelstücke zur Taverne und stellten sie dort auf. Touristen warteten auf eine Sitzgelegenheit. Mikrós juchzte, seine stillen Gebete waren erhört worden. Die Drei hatten Glück und fanden gemeinsam einen Platz mit Aussicht auf den Strand, die Berge und das Meer. So wie in alten Zeiten. Tief atmete o Prótos die Meeresbrise ein. Begeistert schaute er auf die gewaltigen Berge, hinter denen in dem Moment der Vollmond aufging. Hell leuchtete er und ließ die Sterne um ihn herum erblassen. Menschen kamen auf die Drei zu und nahmen auf ihnen Platz. Nach der langen Phase der Untätigkeit ein ungewohntes, doch beglückendes Gefühl. Sich leise verhaltend, damit es nicht bei jeder Bewegung in ihrem Holz knackte, lauschten die Drei den Gästen. Und fanden gemeinsam heraus, dass es sich um eine einheimische Familie handelte. Schon bald wurde ein weiterer Stuhl an den Tisch geschoben und ein älterer Mann nahm Platz. Der Jüngste der Gäste nannte ihn Pappoú. O Prótos, Taxidiótis und Mikrós bekamen nun auch die restlichen Namen heraus.

Es handelte sich um Vassílis und Doris mit ihrem

Sohn und dem Großvater. Sie feierten Aléxandros' bestandenes Examen und Vassilís' erfolgreichen Fischfang. Er hatte einen Schwertfisch von fünfundvierzig Kilo gefangen und ihn an die Tavernen verkauft.

Mikrós' Träume waren süß in jener Nacht. Taxidiótis schlief erschöpft und glücklich ein. O Prótos fand keinen Schlaf, er wollte den Sonnenaufgang und das Erwachen des Dorfes erleben, so wie damals, vor der Krise. Er hörte das Geräusch eines Motors. In der Morgendämmerung erkannte er ein Fischerboot, das aufs Meer hinausfuhr.

»Kaliméra.« O Prótos seufzte zufrieden auf.

write … write … write …
Für diese Worte danke ich von ganzem Herzen
meinem Wegbegleiter Michalis

Die Rezepte

Laktose- und/oder glutenfrei

SIGRID WOHLGEMUTH

Geboren in Brühl bei Köln. 1996 erfüllte sich die Steuerfachgehilfin einen Herzenswunsch und zog nach Kreta. Die Mittelmeerinsel, ihre Bewohner, die kretische Küche, aber auch das Schreiben wurden zu ihrem Lebensmittelpunkt. Es entstehen Romane und Geschichten. Sie gibt Kochkurse für Touristen und führt Besucher nicht nur literarisch in die Schönheiten des Landes ein. Veröffentlichungen in Anthologien und Zeitschriften.